建设机械岗位培训教材

沥青摊铺机安全操作与使用保养

住房和城乡建设部建筑施工安全标准化技术委员会
中国建设教育协会建设机械职业教育专业委员会 组织编写

张 淼 主编

中国建筑工业出版社

图书在版编目（CIP）数据

沥青摊铺机安全操作与使用保养/住房和城乡建设部建筑施工安全标准化技术委员会，中国建设教育协会建设机械职业教育专业委员会组织编写. —北京：中国建筑工业出版社，2018.10
建设机械岗位培训教材
ISBN 978-7-112-22740-2

Ⅰ.①沥⋯ Ⅱ.①住⋯②中⋯ Ⅲ.①沥青摊铺机-岗位培训-教材 Ⅳ.①U415.52

中国版本图书馆 CIP 数据核字（2018）第 221430 号

本书是建设机械岗位培训教材之一，内容包括岗位认知、摊铺机基础知识、设备操作与使用维护、安全与防护、工法与标准、施工作业现场常见标志等，具有较强的实践指导作用。

本书既可以作为施工作业人员上岗培训教材，也可作为职业院校相关专业学习参考用书。

责任编辑：朱首明 李 明 司 汉
责任校对：党 蕾

建设机械岗位培训教材
沥青摊铺机安全操作与使用保养
住房和城乡建设部建筑施工安全标准化技术委员会
中国建设教育协会建设机械职业教育专业委员会　组织编写
张 淼 主编

*

中国建筑工业出版社出版、发行（北京海淀三里河路 9 号）
各地新华书店、建筑书店经销
北京红光制版公司制版
廊坊市海涛印刷有限公司印刷

*

开本：787×1092 毫米 1/16 印张：7 字数：170 千字
2018 年 12 月第一版 2018 年 12 月第一次印刷
定价：**24.00** 元
ISBN 978-7-112-22740-2
（32844）

版权所有 翻印必究
如有印装质量问题，可寄本社退换
（邮政编码 100037）

建设机械岗位培训教材编审委员会

主 任 委 员：李守林

副主任委员：王 平　李 奇　沈元勤

顾 问 委 员：荣大成　鞠洪芬　刘 伟　姬光才

委　　　员：（按姓氏笔画排序）

王　进　王庆明　邓年春　孔德俊　师培义　朱万旭

刘　彬　刘振华　关鹏刚　苏明存　李　飞　李　军

李明堂　李培启　杨惠志　肖　理　肖文艺　吴斌兴

陈伟超　陈建平　陈春明　周东蕾　禹海军　耿双喜

高红顺　陶松林　葛学炎　鲁轩轩　雷振华　蔡　雷

特别鸣谢：

中国建设教育协会秘书处

中国建筑科学研究院有限公司建筑机械化研究分院

北京建筑机械化研究院有限公司

中国建设教育协会培训中心

中国建设教育协会继续教育专业委员会

中国建设劳动学会建设机械技能考评专业委员会

住房和城乡建设部标准定额研究所

全国建筑施工机械与设备标准化技术委员会

住房和城乡建设部建筑施工安全标准化技术委员会

中国工程机械工业协会租赁分会

中国工程机械工业协会用户工作委员会

中国工程机械工业协会筑路机械分会

中国工程机械工业协会标准化工作委员会

中国工程机械工业协会施工机械化分会

国家建筑工程质量监督检验中心脚手架扣件与施工机具检测部

廊坊凯博建设机械科技有限公司

北京建研机械科技有限公司

徐工集团道路机械事业部

中联重科股份有限公司

三一重工股份有限公司

陕西建设机械有限公司

中交西安筑路机械有限公司

徐州徐工筑路机械有限公司

卡特比勒-利星行机械（昆山）有限公司

维特根（中国）机械有限公司

广西柳工机械股份有限公司

中国国机重工集团有限公司

河南省建筑安全监督总站

长安大学工程机械学院

山东德建集团

大连城建设计研究院有限公司

北京燕京工程管理有限公司

中建一局北京公司

北京市建筑机械材料检测站

中国建设教育协会建设机械领域骨干会员单位

前　言

沥青摊铺机作为路面施工的主导机械，广泛应用于城市道路、高速公路、码头、大型停车场等沥青摊铺作业中。我国从20世纪70年代初开始研制沥青摊铺机，20世纪80年代引进、消化和吸收国外先进技术，经过近50年的发展，取得了长足进步，整体水平迅速提高，缩短了与国外的差距。21世纪，我国摊铺机行业进入空前繁荣期，产品技术水平、产销量、企业数量和产值规模都进入了全新阶段。随着路面施工领域机械化施工的普及，现场作业人员对沥青摊铺机等机械化施工作业知识提出了更新需求。

为推动机械化施工领域岗位能力培训工作，中国建设教育协会建设机械职业教育专业委员会联合中国建筑科学研究院有限公司建筑机械化研究分院、住房和城乡建设部建筑施工安全标准化技术委员会等共同设计了建设机械岗位培训教材的知识体系和岗位能力的知识结构框架，并启动了岗位培训教材研究编制工作，得到了行业主管部门、高校院所、行业龙头骨干企业、高中职院校会员单位和业内专家的大力支持。《沥青摊铺机安全操作与使用保养》一书全面介绍了沥青摊铺机领域的行业知识、职业要求、产品原理、设备操作、维护保养、安全作业及设备在各领域的应用，对于普及机械化施工作业知识将起到积极作用。

本书由中国建筑科学研究院有限公司建筑机械化研究分院张淼主编并统稿，中国建筑科学研究院有限公司建筑机械化研究分院刘承桓、衡水市建设工程质量监督检验中心王敬一任副主编。原中国工程机械工业协会筑路机械分会姬光才会长和中国建筑科学研究院有限公司建筑机械化研究分院王平担任主审。

本书编写过程中得到了中国建设教育协会建设机械职业教育专业委员会各会员单位的大力支持。参加教材编写的有：中国建筑科学研究院有限公司建筑机械化研究分院温雪兵、王春琢、张磊庆、孟竹、鲁卫涛、刘贺明、陈晓锋、鲁云飞、谢丹蕾、安志芳、杨晶晶、林进华、谢彩毓、王彬、杨静等，河北公安消防总队李保国，大连交通大学宋琰玉，衡水龙兴房地产开发公司王景润，北京建筑机械化研究院有限公司于景华、李科峰、刘惠彬、刘研、刘双、尹文静、马肖丽、邢惠亮、余太吉、马旭东、唐圆、程志强、李丽、刘勇、刘佳、祁小溪、白文杰，中国京冶工程技术有限公司胡培林、胡晓晨，中联重科混凝土机械公司谭勇，三一重机职业培训学校鲁轩轩，浙江省宁波市轨道交通集团有限公司尹向红，浙江开元建筑安装集团余立成，中建一局北京公司秦兆文，衡水市建设工程质量监督检验中心王项乙，武警交通指挥部培训中心刘振华、林英斌，住房和城乡建设部标准定额研究所雷丽英、姚涛、赵霞、张惠锋、刘彬、郝江婷、毕敏娜，中国建设劳动学会夏阳，山东德建集团胡兆文、李志勇、田长军、张宝华、唐志勃、张元刚、张廷山、桑长利、于静，河南省建设工程安全监督站牛福增、陈子培、马志远，河南省建筑工程标准定额站朱军，河南省建筑科学研究院有限公司冯勇、岳伟保，北京城市副中心行政办公区工程建设办公室安全生产部曾勃，北京市建筑机械材料检测站王凯晖，郑州大博金职业培训学校禹海军，南宁群健工程机械职业培训学校刘彬，重庆市渝北区贵山职业培训学校邢锋，宝鸡东鼎工程机械职业培训学校师培义等。

本书作为建设机械岗位公益培训教材，所选场景、图片均属善意使用，编写团队对行业厂商品牌无任何倾向性。在此谨向与编制组分享资料、图片和素材的机构人士一并致谢。成书过程中得到了中国建设教育协会刘杰、李平、王凤君、李奇、张晶、傅钰等领导和专家精心指导，中国工程机械工业协会李守林副理事长、工程机械租赁分会田广范理事长、桩工机械分会刘元洪理事长、筑路机械分会张西农教授，长安大学工程机械学院王进教授等业内人士不吝赐教，一并致谢。

因水平所限，编写中难免有不足之处，欢迎广大读者提出宝贵意见和建议。

目　　录

第一章　岗位认知	1
第一节　行业认知	1
第二节　从业要求	5
第三节　职业道德常识	7
第二章　摊铺机基础知识	8
第一节　术语与定义	8
第二节　工作原理	9
第三节　主要结构部件	16
第四节　电控系统工作原理	27
第三章　设备操作与使用维护	34
第一节　操作条件	34
第二节　设备操作	37
第三节　摊铺机工作前调试	51
第四节　维护保养	53
第五节　常见故障的诊断	66
第四章　安全与防护	70
第一节　基本安全要求	70
第二节　工作过程安全要求	71
第五章　工法与标准	75
第一节　沥青混凝土摊铺机双机作业施工工法（范例）	75
第二节　《非道路移动机械用柴油机排气污染物排放限值及测量方法（中国第三、四阶段）》GB 20891—2014	77
第三节　《沥青混凝土摊铺机》GB/T 16277—2008	78
第四节　《移动式道路施工机械　摊铺机安全要求》GB 26505—2011	81
第五节　《移动式道路施工机械　通用安全要求》GB 26504—2011	83
第六章　施工作业现场常见标志	90
第一节　禁止类标志	91
第二节　警告标志	93
第三节　指令标志	95
第四节　提示标志	96
第五节　导向标志	97
第六节　现场标线	98
第七节　制度标志	99
第八节　道路施工作业安全标志	100
参考文献	102

第一章 岗位认知

第一节 行业认知

沥青摊铺机作为路面施工的主导机械,广泛应用于城市道路、高速公路、码头、大型停车场等沥青摊铺作业中。我国从20世纪70年代初开始研制沥青摊铺机,20世纪80年代引进、消化和吸收国外先进技术,经过近50年的发展,取得长足进步,整体水平迅速提高,缩短了与国外的差距。21世纪以来,我国摊铺机行业进入空前繁荣期,产品技术水平、产销量、企业数量和产值规模都进入了全新阶段。

一、产品应用越来越广

据统计,2016年摊铺机总销量超过1800余台,2017年摊铺机总销量2400余台。履带式摊铺机是应用最广的主力机型,轮胎式摊铺机保有量不足前者的10%。

履带式摊铺机接地比压小,附着力大,摊铺作业时很少出现履带打滑现象,牵引力大,能抵抗料车的撞击,运行平稳,制动可靠,普遍获得用户青睐。

轮胎式摊铺机行走速度较高,转移运行速度快,机动性能好,但其附着力较小,摊铺作业时易出现轮胎打滑现象。因此,轮胎式摊铺机多为中小型摊铺机,主要用于道路修筑与养护作业。

总体上,国内摊铺机销量和应用排名前十位的省份有:江苏省、山东省、河南省、新疆维吾尔自治区、浙江省、广东省、河北省、北京市、陕西省、湖北省。

二、产品不断创新、产业逐步壮大

1. 国内沥青混凝土摊铺机产业发展的三个主要阶段

(1) 引进消化阶段

20世纪70年代,由西安筑路机械有限公司与交通部共同研发了我国第一台轮胎式摊铺机,摊铺宽度仅4.5m,远远不能满足国内施工要求。当时,国内摊铺机市场一直被德国ABG垄断,施工现场还看不到国产摊铺机的身影。

20世纪80年代至90年代初,国内开始引进瑞典戴纳派克、德国ABG及VÖGELE福格勒等国际摊铺机领军企业的生产技术。期间,陕西建设机械(集团)有限责任公司与德国ABG公司联合生产摊铺机,先后组装生产了ABG-TITAN411、TITAN423、TITAN323、TITAN325等多种型号的摊铺机;徐州工程机械集团有限公司(简称"徐工集团")也从德国福格勒公司引进了当时具有世界领先水平的摊铺机生产制造技术。

主要历程:

1976年交通部公路科学研究所与交通部西安筑路机械厂(中交西安筑路机械有限公司的前身)共同开发研制了我国第一台摊铺宽度为4.5m的LT6型轮胎式沥青混合料摊

铺机。

1982年镇江路面机械总厂引进生产日本新潟公司4.5m轮胎和履带两种机械传动式沥青混合料摊铺机。

1985年由西安筑路机械有限公司引进生产瑞典Dynapac-HOSS公司7.5m全液压沥青混合料摊铺机。

1988年由徐工集团引进生产德国福格勒公司沥青混合料摊铺机。

1990年陕西建设机械有限公司引进生产德国ABG公司沥青混合料摊铺机。

由于引进整机技术，国内摊铺机产品主要参数沿袭国外产品，缺乏自主创新。产品液压、电控等核心关键技术和关键零部件仍掌握在外国企业手中，基本停留在进口组装或整机完全进口的业务模式。

（2）自主研发阶段

2000~2007年，经过十余年的消化吸收，国内大部分摊铺机生产厂家已基本掌握了前期引进的摊铺机生产技术，基本具备了自主研发能力，使我国摊铺机发展进入新阶段——自主研发阶段。

这一阶段自主研发的典型产品如下：

2000年，徐工集团建成了我国第一条年生产能力达到500台的沥青混合料摊铺机装配流水线，并推出了具有国际先进水平和代表我国摊铺机制造水平的RP800型沥青混合料摊铺机。

2000年天津天工工程机械股份有限公司研制沥青混合料摊铺机成功。

2001年三一重工股份有限公司（简称"三一重工"）研制沥青混合料摊铺机成功。三一重工吸收国际摊铺机技术，自行研发了第一代LTU90/120履带式沥青混合料摊铺机。

2002年中联重科股份有限公司（简称"中联重科"）联合成都新筑路桥机械股份有限公司研制沥青混合料摊铺机成功。

2003年国机重工集团常林有限公司联合广西柳工机械股份有限公司研制沥青混合料摊铺机成功。

这些产品的定置参数设计合理，参数匹配已与国外先进产品保持同步，作业性能接近国际领先水平，发动机功率匹配也较合理，获得了国内用户青睐，国内产品产业化快速推进。但是受制于我国基础件、加工工艺上的总体落后因素，使得当时的国产整机在液压、机械与电控协调控制配合作业时，故障率偏高，可靠性亟待提高。

（3）工艺研究阶段

2000年至今，国内部分摊铺机企业自主研发的新产品已经具有完全知识产权，在大宽度、大厚度防离析控制技术、熨平板负载自动调节技术、摊铺全过程监控系统、远程监控和故障自诊断技术、机架升降系统、液压温度控制技术、高负荷抗扭转技术、超长熨平板摊铺控制技术等行业共性技术方面取得一些突破。其中，中联SUPER165超大型摊铺机摊铺宽度达到16.5m，摊铺厚度达到550mm，是目前全球摊铺宽度最宽，摊铺厚度最厚的摊铺机。国内摊铺机生产进入了一个新阶段——工艺研究阶段。

2. 产业发展情况

2000年后，我国路面工程装备需求激增，刺激了摊铺机行业发展迅猛，出现了以三一重工、徐工集团、中联重科为首的一大批具有先进生产技术的骨干企业，年产达到

1500台以上。目前本行业的主要厂家有：

中交西安筑路机械有限公司、江苏华通动力重工有限公司、徐州工程机械科技股份有限公司、三一重工股份有限公司、长沙中联重工科技发展股份有限公司、鼎盛天工工程机械股份有限公司、成都新筑路桥机械股份有限公司、陕西建设机械股份有限公司、广西柳工道路机械股份有限公司、维特根（中国）机械有限公司、戴纳派克（中国）压实摊铺设备有限公司、沃尔沃（中国）建设设备有限公司、卡特彼勒路面机械有限公司、住重中骏（厦门）建机有限公司等。

三、赶超国外技术是长期任务

与国内主流摊铺机产品相比，国外沥青混合料摊铺机的研究相对比较完善，在满足目前施工要求的基础上，不断的开发创新，在整机智能控制、主要工作装置的新技术开发、人性化操作以及节能环保等方面取得了较大的突破，使得沥青混合料摊铺机技术更加完善。

1. 国外摊铺机产品的优势

（1）智能控制方面

目前，国外最新型摊铺机的电子管理摊铺作业系统具有数据远程传送、卫星跟踪定位、电子路面扫描及激光找平等功能，其配有触摸式操作平台，可实现整机监测及故障诊断，在面板上可实现刮板速度、振捣转轴等无级调速。

2012年上海宝马展上，戴纳派克公司推出一款带有安全防冲击影响系统的摊铺机，其液压系统稳定性有了较大提高。

（2）熨平板新技术

国外厂家最新研发的摊铺机熨平板的提升油缸设有起步停机双重锁定功能，可以防起步爬升和停车下降；部分摊铺机熨平板伸缩段采用液压快速连接构造，可以迅速拼接，使得其在市政路面小范围施工中效率更高。

（3）人性化设计

国外厂商推出的摊铺机，每一种产品都体现了"以人为本"的人机工程设计原则。德国福格勒公司生产的SUPER2100C摊铺机的驾驶台可以整体后翻，易于接近所有维修点，料斗前部采用液压驱动折叠，既能确保料斗排空，又可以减少人工劳动强度。2012年上海宝马展上，德国福格勒公司推出的一款摊铺机，其设计理念发生较大变化，将动力系统由传统的中部偏下位置提升到整机上部偏后位置，悬挂在熨平板的上方，给整机设计、布置和驾驶员视野带来一种全新的改观。

2. 认清差距，追赶超越

国内摊铺机除在智能控制、熨平板、人性化设计等方面与国外产品存在较大差距外，在产品使用性能、可靠性、稳定性以及故障率方面也存在一定差距。例如，液压、电控元件以及传动箱均以进口为主，研发人员对其性能不能全面把握；国内加工工艺、装配和国产配套材料、发动机技术等方面存在不足；国内研发技术人员及机器管理人员对于细节问题认识不充分，加上国内摊铺机还未形成一套完整的维护及维修管理体系，使得在生产和施工使用中经常出现的问题不能及时被发现，导致大故障的出现，影响产品可靠性和稳定性。

综上所述，虽然我国沥青混凝土摊铺机起步较晚，整机技术水平与国外相比存在一定差距，但总体看，追赶超越国外技术是长期任务，我国沥青混凝土摊铺机发展趋势良好，产品性能不断完善，坚信我国摊铺机技术在未来必将有更大飞跃。

四、行业未来发展趋势

1. 机型趋向大型化和小型化

国内外厂家普遍追求产品多样性，满足工程个性化需求，开发了 4.5～12.5m 不同宽度的系列产品。为满足不同用户对工程效率的要求，实现摊铺机一次性摊铺整个宽幅路面，研制了宽度大于 12m 的沥青混合料摊铺机。如德国 VOGELE 公司的 S2500 型摊铺机的最大摊铺宽度达到了 16m，最大摊铺厚度为 40cm。

为了适应高速公路修补作业和乡村道路铺筑，摊铺机同时也向小型化发展，例如意大利 BTELLT 公司推出了功率仅为 13 马力、摊铺宽度为 0.9～1.8m 的沥青摊铺机。

2. 技术含量不断提高

目前主流品牌的摊铺机都是基于 CAN（控制器局域网络）总线控制系统。电子监控与故障诊断技术主要是指对摊铺机进行在线的智能监控、检测、预报、远程故障诊断与维护，实现摊铺机的监控与故障诊断智能化。

无人驾驶技术也是摊铺机的一个发展方向。在特定的施工作业中，如易塌方区、辐射或有害健康的作业区等，需采用专用、带有遥控装置、高智能、无人驾驶的摊铺机。随着自动控制、机器人及网络技术在摊铺机领域的不断渗透，采用定向导航和位置诱导原理，并依靠无线或有线通信、自身机械操作和自身监控信息反馈处理系统，通过计算机操作，无人驾驶技术在摊铺机上逐步得到应用。

2001 年，清华大学和徐工集团联合开发了国内第一台无人驾驶的摊铺机，其具有弯道的定径摊铺、机械的智能故障诊断等优点。

3. 减轻工作强度的功能设计不断完善

摊铺机的现场安装一直是较费力的工作，需要大量的人力，且劳动强度较大。德国 ABG 公司生产的 326 型摊铺机的拱度调节也由传统的机械调节改为液压调节，使拱度调节通过控制按钮就能实现，非常方便。

作业部件高度调节出现了采用整体升降的方案，如美国 REREX 公司的 CR561 摊铺机，螺旋机构固定在摊铺机机架上，机架与台车架通过偏心轮连接，偏心轮转动时，机架即相对于台车架升降，从而实现螺旋叶片的高度调节，减轻了摊铺机现场安装和调整的强度。

4. 多层摊铺及转运车联合作业工法

为区分不同层次的施工需求，研发了针对乡村道路的经济型摊铺机和针对高速公路高端需求的技术型摊铺机，如图 1-1 所示

提炼形成多机摊铺工艺施工工法，防止边道和接缝离析、温度和粒料离析，结合转运车的采用，使转运摊铺施工工艺有效满足了我国现行公路结构设计施工和项目管理规范，结合我国国情和用户需求，提高了机械化施工效果。

第一章　岗位认知

图 1-1　摊铺机与转运车联合作业

第二节　从　业　要　求

一、岗位能力

岗位能力主要是指针对某一行业某一工作职位提出的在职实际操作能力。

岗位能力培训旨在针对新知识、新技术、新技能、新法规等内容开展培训，提升从业者岗位技能，增强就业能力，探索职业培训的新方法和途径，提高我国职业培训技术水平，促进就业。

在市场化培训服务模式下，学员可以在住房和城乡建设部主管的中国建设教育协会建设机械职业教育专业委员会的会员定点培训机构自愿报名注册参加培训学习，考核通过后，取得岗位培训合格证书（含操作证）；该学习培训过程由培训服务市场主体基于市场化规则开展，培训合格证书由相关市场主体自愿约定采用。该证书是学员通过专业培训后具备岗位能力的证明，是工伤事故及安全事故裁定中证明自身接受过系统培训、具备基本岗位能力的辅证；同时也证明自己接受过专业培训，基本岗位能力符合建设机械国家及行业标准、产品标准和作业规程对操作者的基本要求。

学员发生事故后，调查机构可能会追溯学员培训记录，社保机构也将学员岗位能力是否合格作为理赔要件之一。中国建设教育协会建设机械职业教育专业委员会作为行业自律服务的第三方，将根据有关程序向有关机构出具学员培训记录和档案情况，作为事故处理和保险理赔的第三方辅助证明材料。因此学员档案的生成、记录的真实性、档案的长期保管显得较为重要。学员进入社会从业，经聘用单位考核入职录用后，还须自觉接受安全法规、技术标准、设备工法及应急事故自我保护等方面的变更内容的日常学习，以完成知识更新。

国家实行先培训后上岗的就业制度。根据最新的住房和城乡建设部建筑工人培训管理办法，工人可由用人单位根据岗位设置自行实施培训，也可以委托第三方专业机构实施培训服务，用人单位和培训机构是建筑工人培训的责任主体，鼓励社会组织根据用户需要提供有价值的社团服务。

国家鼓励劳动者在自愿参加职业技能考核或鉴定后，获得职业技能证书。学员参加基础培训考核，获取建设类建设机械施工作业岗位培训证明，即可具备基础知识能力；具备一定工作经验后，还可通过第三方技能鉴定机构或水平评价服务机构参加技能评定，获得相关岗位职业技能证书。

二、从业准入

所谓从业准入，是指根据法律法规有关规定，从事涉及国家财产、人民生命安全等特种职业和工种的劳动者，须经过安全培训取得特种从业资格证书后，方可上岗。

对属于特种设备和特种作业的岗位机种，学员应在岗位基础知识能力培训合格后，自觉接受政府和用人单位组织的安全教育培训，考取政府的特种从业资格证书。从2012年起，工程建设机械已经不再列入特种设备目录（塔式起重机、施工升降机等少数几种除外）。混凝土布料机、旋挖钻机、锚杆钻机、挖掘机、装载机、高空作业车、平地机、路面机械等大部分建设机械机种目前已不属于特种设备，在不涉及特种作业的情况下，对操作者不存在行业准入从业资格问题。

需要注意的是，一些机种设备如果使用不当或违章操作，会造成周边设备及设备自身的损坏，对施工人员的安全造成伤害。从业人员必须在基础知识能力培训合格的基础上，经过用人单位审核录用、安全交底和技术交底，获得现场主管授权后，方可上岗操作。

路面施工中，因场合、场所环境不同，驻地的安全监管政策、从业准入规定可能存在差异，操作者应熟悉驻地项目监管规定，遵守当地管理规定。

三、知识更新和终身学习

终身学习指社会每个成员为适应社会发展和实现个体发展的需要，贯穿于人的一生的、持续的学习过程。终身学习促进职业发展，使职业生涯的可持续性发展、个性化发展、全面发展成为可能。终身学习是一个连续不断地发展过程，只有通过不间断的学习，做好充分的准备，才能从容应对职业生涯中所遇到的各种挑战。

建设机械施工作业的法规条款和工法、标准规范的修订周期一般为3～5年，而产品型号技术升级则更频繁，因此，建设行业的施工安全监管部门、行业组织均对施工作业人员提出了在岗日常学习和不定期接受继续教育的要求。其目的是为了保证操作者及时掌握设备最新知识以及标准规范和有关法律法规的变动情况，保持施工作业者的安全素质。

施工机械设备的操作者应自觉保持终身学习和知识更新、在岗日常学习等，以便及时了解岗位相关知识体系的最新变动内容，熟悉最新的安全生产要求和设备安全作业须知事项，才能有效防范和避免安全事故。

终身学习提倡尊重每个职工的个性和独立选择，每个职工在其职业生涯中随时可以选择最适合自己的学习形式，以便通过自主自发的学习在最大和最真实程度上使职工的个性得到最好的发展。兼顾技术能力升级学习的同时，也要注意职工在文化素质、职业技能、社会意识、职业道德、心理素质等方面的全面发展，采用多样的组织形式，利用一切教育学习资源，为企业职工提供连续不断地学习服务，使所有企业职工都能平等获得学习和全面发展的机会。

第三节 职业道德常识

一、职业道德的概念

职业道德是指所有从业人员在职业活动中应该遵循的行为准则，是一定职业范围内的特殊道德要求，即整个社会对从业人员的职业观念、职业态度、职业技能、职业纪律和职业作风等方面的行为标准和要求。其属于自律范围，它通过公约、守则等对职业生活中的某些方面加以规范。

二、职业道德规范要求

建设部在1997年发布的《建筑业从业人员职业道德规范（试行）》中，对建筑从业人员相关要求如下：

1. 建筑从业人员共同职业道德规范

（1）热爱事业，尽职尽责

热爱建筑事业，安心本职工作，树立职业责任感和荣誉感，发扬主人翁精神，尽职尽责，在生产中不怕苦，勤勤恳恳，努力完成任务。

（2）努力学习，苦练硬功

努力学文化、学知识，刻苦钻研技术，熟练掌握本工种的基本技能，练就一身过硬本领。努力学习和运用先进的施工方法，钻研建筑新技术、新工艺、新材料。

（3）精心施工，确保质量

树立"百年大计、质量第一"的思想，按设计图纸和技术规范精心操作，确保工程质量，用优良的成绩树立建安工人形象。

（4）安全生产，文明施工

树立安全生产意识，严格安全操作规程，杜绝一切违章作业现象，确保安全生产无事故。维护施工现场整洁，在争创安全文明标准化现场管理中做出贡献。

（5）节约材料，降低成本

发扬勤俭节约优良传统，在操作中珍惜一砖一木，合理使用材料，认真做好落手清、现场清，及时回收材料，努力降低工程成本。

（6）遵章守纪，维护公德

要争做文明员工，模范遵守各项规章制度，发扬团结互助精神，尽力为其他工种提供方便。

提倡尊师爱徒，发扬劳动者的主人翁精神，处处维护国家利益和集体利益，服从上级领导和有关部门的管理。

2. 中小型机械操作工职业道德规范

（1）集中精力，精心操作，密切配合其他工种施工，确保工程质量，使工期如期完成。

（2）坚持"生产必须安全，安全为了生产"的意识，安全装置不完善的机械不使用，有故障的机械不使用，不乱拉、私接电线。爱护机械设备，做好维护保养工作。

（3）文明操作机械，防止损坏他人和国家财产，避免机械噪声扰民。

第二章 摊铺机基础知识

沥青混合料摊铺机是铺筑沥青路面的专用施工机械，它能将拌制好的沥青混合料均匀地摊铺在路面底层上，并保证摊铺层的厚度、宽度、路面拱度、平整度、密实度等。摊铺机机械化作业可大幅度降低施工人员的劳动强度，减少压路机碾压遍数（约减少 2/3），加快施工进度，降低工程成本，又可提高所铺路面质量，已在公路、城市道路、大型货场、停车场、机场和码头等工程中得到广泛应用。

本书以目前市场常见机型知识为重点对象进行介绍，其他具体机型，请读者阅读或参考设备制造商手册和随机使用说明书，以及相关作业场合的施工方案等。

第一节 术语与定义

1. 自行式沥青混凝土摊铺

通过自身动力而行驶的沥青混凝土摊铺机。

2. 拖式沥青混凝土摊铺机

利用自卸车牵引、并接受其供料而进行摊铺作业的沥青混凝土摊铺机。

3. 履带式沥青混凝土摊铺机

具有履带行走装置的沥青混凝土摊铺机。

4. 轮胎式沥青混凝土摊铺机

具有轮胎行走装置的沥青混凝土摊铺机。

5. 液压传动式沥青混凝土摊铺机

所有机构均以液压方式驱动的沥青混凝土摊铺机。

6. 机械传动式沥青混凝土摊铺机

一个或几个机构以机械方式驱动的沥青混凝土摊铺机。

7. 推辊

位于料斗前方，用以顶推自卸汽车后轮的装置。

8. 料斗

装在机械前部、接受沥青混合料的敞口容器。

9. 刮板输送装置

用刮板实现由前向后输送物料的装置。

10. 给料闸门

安装在料斗后壁，可以上下移动的闸门，用来调整刮板输送装置的送料量。

11. 螺旋分料装置

将沥青混合料均匀分布在熨平装置前方的螺旋输送器。

12. 牵引臂

前端铰接在机架两侧的牵引点上，后端安装熨平装置的两根长臂。

13. 熨平装置
按预定的路面宽度、厚度和拱度要求，将已摊铺开的沥青混合料进行熨平的装置。

14. 基本熨平装置
具有最小摊铺宽度的熨平装置。

15. 机械加宽熨平装置
采用机械的方法改变摊铺宽度的熨平装置。

16. 液压伸缩熨平装置
采用液压的方法改变摊铺宽度的熨平装置。

17. 夯锤
悬挂在熨平装置的前部，用来初步捣实沥青混合料的板-梁组件。

18. 拱度调节装置
用来调整左右熨平装置的横向倾角，使之符合路拱要求的装置。

19. 加热装置
用来加热熨平装置底板、夯锤的装置。

20. 振动器
安装在熨平装置上的激振器，使熨平装置对摊铺层作进一步密实的装置。

21. 自动调平系统
由基准、自动调平控制器和液压执行机构等组成的系统，可以自动调节左右牵引臂前端牵引点的高度，保持熨平装置纵向与横向倾角为设定值，达到路面纵横向平整的要求。

22. 自动调平控制器
自动调平系统中集传感、变换、控制于一体的电子装置，其输出信号用来控制液压执行机构。

23. 电子自动调平器
用电子传感器采集的信号进行自动调平控制的装置。

24. 超声波自动调平器
用超声波传感器采集的信号进行自动调平控制的装置。

25. 激光自动调平器
用激光传感器采集的信号进行自动调平控制的装置。

26. 料位传感器
检测刮板输送装置或螺旋分料装置设定位置处的沥青混合料料位高度，并控制其运行速度以保证混合料的均衡输送和布料的电子装置。

第二节 工 作 原 理

一、设备分类、特点及适用范围

1. 按摊铺宽度分

可分为小型、中型、大型和超大型 4 种。

（1）小型：最大摊铺宽度小于 3.6m，用于路面养护和城市巷道路面修筑工程。

(2) 中型：最大摊铺宽度在 4~6m，用于一般公路路面的修筑和养护工程。
(3) 大型：最大摊铺宽度一般在 7~9m 之间，用于高等级公路路面工程。
(4) 超大型：摊铺宽度达到 12m 及以上，用于高速公路施工。

2. 按行走方式分

摊铺机可分为拖式和自行式两种。其中自行式又分为轮胎式沥青混合料摊铺机、履带式沥青混合料摊铺机 2 种。

(1) 拖式摊铺机：将收料、输料、分料和熨平等作业装置安装在一个特制的机架上组成的摊铺作业装置。工作时靠运料自卸车牵引或顶推进行摊铺作业。它的结构简单，使用成本低，但其摊铺能力小，摊铺质量低，所以拖式摊铺机仅适用于三级以下公路路面的养护作业。

(2) 履带式摊铺机：一般为大型摊铺机，其优点是接地比压小、附着力大、牵引力大，摊铺作业时很少出现打滑现象，运行平稳。其缺点是机动性差、对路基凸起物吸收能力差、弯道作业时铺层边缘圆滑程度较轮胎式摊铺机低，且结构复杂，制造成本较高。履带式摊铺机多为大型和超大型机，用于大型公路工程的施工。

(3) 轮胎式摊铺机：多为小型和中大型摊铺机，它的优点是转移运行速度快、机动性好、对路基凸起物吸收能力强、弯道作业易形成圆滑边缘。其缺点是附着力小，在摊铺路幅较宽、铺层较厚的路面时易产生打滑现象，另外它对路基凹坑较敏感。轮胎式摊铺机主要用于道路修筑与养护作业。

3. 按动力传动方式分

摊铺机可分为机械传动式和液压传动式 2 种。

(1) 机械传动式摊铺机：其行走驱动、输料传动、分料传动等主要传动机构都采用机械传动方式。这种摊铺机具有工作可靠、维修方便、传动效率高、制造成本低等优点，但其传动装置复杂，操作不方便，调速性和速度匹配性较差。

(2) 液压传动式摊铺机：其行走动力、输料和分料传动、熨平板延伸、熨平板和振捣器的振动等主要传动采用液压传动方式，从而使摊铺机结构简化、重量减轻、传动冲击和振动减缓、工作速度等性能稳定，并便于无级调速和采用电液全自动控制。随着液压传动技术可靠性的提高，目前摊铺机上采用液压传动已成为标准配置，并向全液压方向发展。全液压和以液压传动为主的摊铺机，均设有电液自动调平装置，具有良好的使用性能和更高的摊铺质量，因而广泛应用于高等级公路路面施工。

4. 按熨平板的加长方式分

摊铺机可分为机械加长式和液压伸缩式 2 种。

(1) 机械加长式熨平板：是用螺栓把基本（最小摊铺宽度的）熨平板和若干加长熨平板块组装成所需作业宽度的熨平板。其结构简单，整体刚度好，分料螺旋（亦采用机械加长）贯穿整个摊铺槽，使布料均匀。因此大型和超大型摊铺机一般采用机械加长式熨平板，最大摊铺宽度可达 8~12m。

(2) 液压伸缩式熨平板：靠液压缸伸缩无级调整其长度，使熨平板达到要求的摊铺宽度。这种熨平板调整方便省力，在城市道路及摊铺宽度变化的路段施工更显示其优越性。但与机械加长式熨平板对比其整体刚性较差，采用液压伸缩式熨平板的摊铺机最大摊铺宽度不超过 8m。

另外,还有液压伸缩与机械加长组合式的熨平板,其特点是在液压伸缩熨平板外再用机械方式加固定块接长,同时具有液压伸缩和机械加长熨平板的优点。

5. 按熨平板的加热方式

摊铺机可分为电加热、液化石油气加热和燃油加热3种。

(1) 电加热:由摊铺机的发动机驱动的专用发电机产生的电能来加热,这种加热方式加热均匀、使用方便、无污染,熨平板和振捣梁受热变形较小。

(2) 液化石油气加热:这种加热方式结构简单,使用方便,但火焰加热欠均匀,污染环境,不安全,且燃气喷嘴需经常清洗。

(3) 燃油加热(主要指轻柴油):燃油加热装置主要由小型燃油泵、喷油嘴、自动点火控制器和小型鼓风机等组成,其优点是可以用于各种工况,操作较方便,燃料易解决,但和燃气加热同样有污染,且结构较复杂。

二、工作装置原理

1. 接料斗

接料斗位于摊铺机的前部,是接受自卸车卸料并暂时存放沥青混合料的容器。各种摊铺机料斗的结构型式相似,只是容量大小不同。其容量应满足摊铺机在最大摊铺宽度和最大摊铺厚度下连续作业时所需的沥青混合料量。接料斗由后壁、左右边斗、铰轴、液压缸、底板和支座等组成。后壁上的两个出料口多由左右两扇闸门来调节开度,与刮板输送器共同控制进入摊铺机的沥青混合料量。左右边斗由下方的液压缸顶起向内倾翻,使余料滑落在刮板输送器上,以保证供料的连续性;左右边斗前部的两块裙板用于防止接料斗的沥青混合料向前撒漏,使原来平整的路基变得高低不平,影响路面摊铺的平整度。底板多是整块的,用可更换

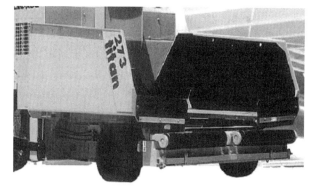

图2-1 摊铺机料斗

的耐磨钢板(厚度可达10mm)制成,并固定在机架上,其前面部分作为接料斗的斗底,后部延伸到摊铺槽。料斗如图2-1所示。

2. 刮板输送器

刮板输送器由驱动轴、张紧轴、刮板链及刮板等组成,由链传动或液压马达驱动,其作用是将接料斗内的沥青混合料输送到摊铺槽内。小型摊铺机可设置一个刮板输送器,大中型摊铺机应设两个刮板输送器,以便控制左右两边的供料量,其等间距地安装在左右两副各自独立驱动的辊子链上,左右两边的速度可独立调节,并与后壁上左右料门配合,使左右两边的沥青混合料输送量相同或不同,以适应左右两边摊铺时对沥青混合料量的需求。为避免材料堵塞,刮板在底板上被安装成浮动状态。刮板输送器结构如图2-2所示。

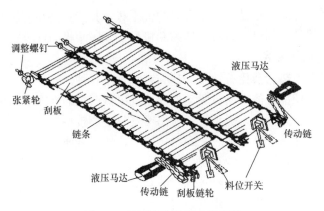

图 2-2 刮板输送器组成示意图

3. 螺旋分料器

螺旋分料器位于摊铺机后部的摊铺槽内，其功用是将由刮板输送器输送到摊铺槽中部的沥青混合料，左右横向地分送到摊铺槽的全幅宽度上。螺旋分料器由两组对称布置的螺旋轴、螺旋叶片、连接套筒、反向叶片等组成。

两组螺旋轴上的螺旋叶片的旋向相反，以使混合料由摊铺槽中部向两端输送。为控制料位高度，左右两端设有料位传感器。螺旋叶片采用耐磨材料（耐磨合金钢或耐磨激冷铸铁）制造，或进行表面硬化处理。左右两根螺旋轴支承在机架上，其内端装在后链轮或齿轮箱，由左右两个传动链或锥齿轮分别驱动（液压传动亦如此），转速可相同，也可不同，以适应左右摊铺宽度、摊铺厚度和摊铺速度等不同要求。螺旋分料器分主节段和加长节段，分别与熨平板的主节段和加长段的长度相适应。加长节段用来摊铺加宽的摊铺带，为了改善对沥青混合料的输送，其叶片尺寸常比主节段的稍大些。螺旋分料器的总长度应为摊铺宽度的90%，以避免沥青混合料拥挤于两端，使整个宽度获得厚度、密实度均匀的铺层。螺旋分料器结构，如图2-3所示。

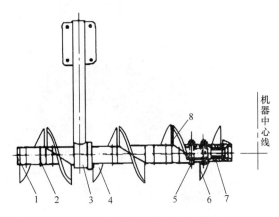

图 2-3 螺旋分料器组成示意图

1—端盖；2—螺旋轴；3—支架；4—螺旋叶片；5—螺栓；
6—连接套筒；7—中间螺旋轴；8—中间反向叶片

4. 熨平-振捣装置

熨平-振捣装置是沥青混合料摊铺机的主要工作装置之一，其功能是将摊铺槽内全幅宽度的沥青混合料摊平、捣实和熨平。对捣实和熨平这两道工序，在一般的自行式沥青混合料摊铺机上，大多采用下面两种方案和相应的工作装置：先用振捣梁进行预捣实，再由熨平板整形、熨平；用振动熨平板同时进行振实、整形和熨平。这两种方案的主要区别是：前者紧贴在熨平板前面有一根悬挂在偏心轴上的振捣梁，可对沥青混合料进行低频捣实；而后者则用装在熨平板上的振动器代替振捣梁，由熨平板本身振实铺层。这两种型式熨平板本身的结构基本相同。

一般沥青混合料摊铺机的熨平-振捣装置由牵引臂、刮料板、振捣梁、熨平板、厚度调节机构和拱度调节机构等组成，如图2-4所示。

熨平-振捣装置位于螺旋分料器的后面，刮料板、熨平板及熨平板两端的端面挡板等所包容的空间称为摊铺槽，端面挡板可以使摊铺层获得平整的边缘。左右牵引臂铰接在机架的中部，整个熨平-振捣装置是依靠提升缸悬挂在机身后部，摊铺作业时在铺层上呈浮动状态。熨平板两端设有垂直螺杆结构型式的摊铺厚度调节机构。牵引臂铰接点处设有多组连接孔的牵引板，通过不同的连接位置以调整熨平板的初始工作角。熨平板常用宽度的组装，见表2-1。

熨平装置框架内部设有铺层拱度调整机构，由螺杆、锁定螺母和标尺等组成。旋转螺杆时可以使两熨平板上端分开或合拢，从而使熨平板中部抬起或下降，使熨

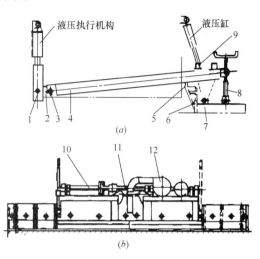

图2-4 熨平-振捣装置结构示意图
1、3—销轴；2—连接块；4—大臂；5—护板；6—振捣梁；
7—熨平板；8—厚度调节杆；9—固定架；10—偏心轴；
11—调拱螺栓；12—加热系统

平板底面形成水平、双斜坡、单斜坡3种形式，以满足摊铺3种不同断面路面的要求，如图2-5所示。新式摊铺机则采用液压调整机构。

熨平板常用宽度的组装表　　　　表2-1

熨平板宽度（m）	5.5	6	7	7.5	9	11
附加熨平板（m）×数量	1.5×2	1.5×2 0.25×2	1.5×2 0.5×2 0.25×2	1.5×2 1×2	1.5×4 0.25×2	1.5×4 1×2 0.25×2

振捣梁为板梁式结构，是结构相同的左右两副。振捣梁的上面为栅板，借此将振捣梁悬挂在由液压马达驱动的偏心轴上，并由偏心轴使其上下运动。偏心轴也是左右两根，由其内端铰接成一体，通过轴承安装在熨平装置的牵引架上。两根偏心轴上的偏心轮的相位差为180°，使振捣梁工作时左右两边一上一下交替地捣实铺层，有利于振捣装置工作平稳，保证振捣质量。其振幅一般为4~5mm，振动频率可在0~70Hz间无级调节。

振捣梁的下前缘为斜面，对铺层起主要捣实作用，即振捣梁随机器向前移动、上下运动时，梁的下斜面对其前面松散的沥青混合料频频冲击，使其逐渐密实、厚度减小。振捣梁的水平底面主要是确定铺层的高度和对铺层的修整。根据摊铺宽度，振捣梁利用螺栓连接可加装不同长度的加长节段。振捣梁用碳素钢或合金钢制成，用热处理提高其硬度和耐磨性。

熨平板继振捣梁之后越过铺层，并对铺层进行整形、熨平。为便于熨平板越过铺层，安装时振捣梁的底平面高于熨平板的底平面3~4mm。熨平板为型钢、普通钢板焊接成箱

形结构，其底板用火焰加热或电加热，对铺层起到保温、熨平作用。在摊铺宽路面时，熨平板可用螺栓拼装或液压伸缩式（多用）的加宽节段。加宽节段有布置在主熨平板前面（如美国 BLaw Knox 公司的 PF 系列）和布置在主熨平板后面（如德国福格勒的 SUPER 系列）2 种形式，其结构有两件式和三件式（多用）2 种。液压伸缩式熨平板结构如图 2-6 所示。伸缩部分缩回时［图 2-6（a）］即为基本摊铺宽度，按要加宽时伸缩部分分别向两侧伸出。为达到路面平整度的要求，高度调节机构可改变加宽节段的工作高度，图 2-6（b）为两件式，缩回时熨平板重合为基本摊铺宽度，需加大摊铺宽度时一块向左伸出，另一块向右伸出。

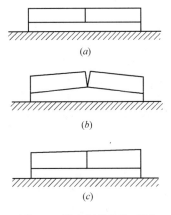

图 2-5 拱度调节及路面断面形状示意图

（a）水平横断面；（b）双斜坡横断面；（c）单斜坡横断面

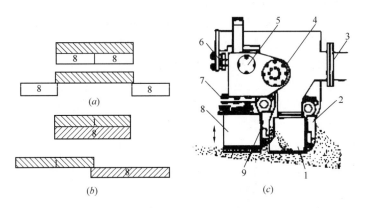

图 2-6 液压伸缩熨平板示意图

（a）三件式；（b）两件式；（c）加宽节段高度调节

1—主熨平板；2—主振捣；3—牵引臂；4—伸缩式导管；5—液压缸；6—锁止装置；7—高度调节机构；8—伸缩式熨平板；9—伸缩式振捣梁

图 2-7 为高密实度熨平装置，摊铺机作业时先经过振捣梁和振动器振捣熨平后，再经过振捣梁和振动器进行二次振捣和熨平，故称为双振捣熨平板，它可以使摊铺层的密实度达到 95%。

熨平装置的受力与其在摊铺机主机上的悬挂方式及几何尺寸有关。几乎所有自行式摊铺机熨平装置都是悬挂在主机上的，熨平装置左右两侧牵引臂的前端与主机左右两侧中部的支承件铰接，主机后侧板与其后面的熨平装置主体之间通过两个液压缸连接。操纵液压缸使活塞杆伸缩，可使熨平装置绕牵引臂前端铰点（拖点）摆动，实现熨平装置的升降。根据液压缸在摊铺作业中工作状态的不同，摊铺机的工作原理可分为两种，即强制摊铺工作原理和浮动摊铺工作原理。

如果液压缸上下两腔中的油液都被封死，活塞杆被锁定在一定的位置上，则熨平装置、主机及液压缸三者组成刚性构架，连在熨平装置框架下面的熨平板被强迫控制在摊铺厚度所要求的离地高度上，这种摊铺工作原理称为强制摊铺工作原理。按照该原理铺设路面时，由于熨平装置与主机刚性连接，如果摊铺机行驶在凹凸不平的基层上，熨平板就被翘高或压低，铺设的路面随基层的不平而同步增厚或减薄。因此，摊铺出的路面平整度对基层平整度的依赖性很大，一般是基层平整度（标准规定为 8~15mm/3m 直尺）的 0.5~1.5 倍（由摊铺机轴距及熨平装置后悬尺寸决定），故一般都不采用强制摊铺。但是，强制摊铺并不是一无是处、不能采用，在基层平整度好的情况下，短距离摊铺时也常使用。如，每天摊铺头一车沥青混合料时，由于热料经刮板和螺旋输送后温度降低，熨平板虽经预热温度也不很高，采用浮动摊铺往往厚度偏薄，这时，在开始的十几米范围内采用强制摊铺较好；再如，为防止停机后再摊铺时出现路面不平整现象，摊铺机采取防爬升措施，即应用强制摊铺，延时几秒钟后再改用浮动摊铺。

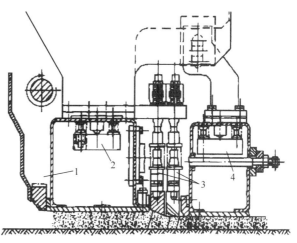

图 2-7 高密度振捣熨平装置
1，3—振捣梁；2，4—振动器

如果液压缸上下两腔中的油液都与液压油箱相通，活塞杆受到外力作用可以自由伸缩，则熨平装置、主机及液压缸三者组成以液压缸为移动副的熨平装置摆动机构，熨平装置处于浮动状态，主机只通过牵引臂上的拖点牵引熨平装置，这种摊铺工作原理称为浮动摊铺工作原理。按照浮动摊铺工作原理铺设路面时，处于浮动状态的熨平装置受到主机的牵引力、熨平装置的重力、混合料阻抗熨平装置前进的移动阻力、螺旋输料器对熨平装置的回转力、混合料对熨平板的摩擦阻力、混合料对熨平装置的支承反力、振捣器及振动器的夯击反力这些力的作用，处于动力平衡状态。如果发动机转速、摊铺速度、熨平板前面的堆料量、刮板输料器输料量均匀性、螺旋输料器输料量均匀性、振捣器工作平稳性、振动器工作平稳性、振捣振动叠加周期、摊铺厚度、混合料种类、混合料温度、料斗内混合料增减、料车供料量、料车刹车程度等摊铺作业条件发生变化，都会造成某些或某个力发生变化（当然影响的程度不一样），破坏原来的动平衡，组成新的动力平衡。在动力平衡发生变化过程中，熨平板工作角（或称仰角）发生变化，混合料对熨平装置的支承反力就发生变化。熨平装置在变化中的支承反力作用下，绕着拖点向上或向下摆动，结果改变了摊铺厚度。如果基层凹凸不平，路况不好，由于熨平装置呈浮动状态，摊铺机行驶在这样的基层上，拖点将跟随主机车轮（或履带）升降而升降，升降量约等于车轮（或履带）升降量的1/2（因拖点约在前后桥或履带接地长度的中部），从而改变了熨平板的工作角。拖点上升，工作角变大；拖点下降，工作角变小。熨平板工作角发生变化，同样也破坏了原来的动力平衡，混合料对熨平装置的支承反力必然也发生变化。熨平装置在变化中的支承反力作用下，绕着拖点向上或向下摆动，结果改变了摊铺厚度。

对于在浮动摊铺情况下路面厚度的变化规律，专家们曾从不同的方面进行过论证，其中代表性的结论是：在熨平装置所受的来自混合料的阻力及摊铺速度不变的前提下，拖点受到阶跃形干扰时（或该点作垂直阶跃运动），浮动熨平板的运动轨迹是一条对数曲线，从其后沿下成形的摊铺层表面纵向曲线也是一条对数曲线。其数学表达式是：

$$y = 1 - e^{-\frac{x}{L}} \tag{2-1}$$

式中　　y——从干扰开始到摊铺距离 x 后，熨平板的垂直位置相当于原阶跃干扰值的百分数；

　　　　x——自然阶跃始端的摊铺距离；

　　　　L——牵引臂长度，指牵引臂拖点到熨平板后沿的距离。

由式（2-1）的计算可知，摊铺一倍牵引臂长的距离后，摊铺路面的标高可达到阶跃干扰后新水平的 63.2%，二倍牵引臂长后为 86.5%，三倍牵引臂长后为 95.02%，四倍牵引臂长后为 98.17%。

第三节　主要结构部件

一、总体结构

简单地说，沥青摊铺机由牵引装置和熨平装置两大部分构成（图 2-8）。牵引装置部分包括：发动机、机身、料斗、刮板输送机、螺旋布料器、行走机构、传动机构、操作机构等部分；熨平装置包括牵引臂、熨平板、振捣装置、振动装置、加热装置、调拱装置、调厚装置等部分。摊铺机结构布置如图 2-9 所示。

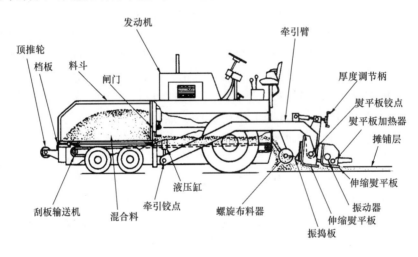

图 2-8　摊铺机的结构

二、动力及传动系统

动力装置包括柴油发动机、离合器、主变速箱和燃油箱，如图 2-10 所示。

1. 主离合器

主离合器为干式单片摩擦离合器，常闭式，其构造如图 2-11 所示。

在盖（固定于飞轮上）与压盘之间有四组弹簧钢传动片。该传动片在离合器分离时产生弹性变形以保证分离间隙，在接合时则担负传递扭矩。这种结构，避免了采用导销之类时由于磨损引起的冲击和噪声。另外，由分离杠杆、浮动销、摆动支承片、带方孔支承螺柱（兼起间隙调整作用）等组成的浮动销刀口支承，结构简单、摩擦小，有助于提高使用

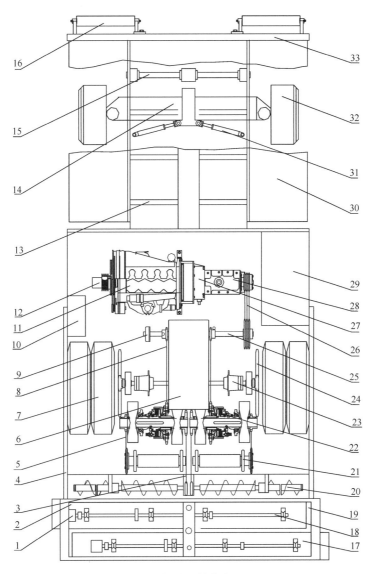

图 2-9 摊铺机结构布置图

1—振动马达；2—左延伸熨平板；3—螺旋分料器传动链；4—大臂；5—板式送料器传动链；6—分动箱；7—后车轮；8—送料器主传动链；9—手制动器；10—液压油箱；11—发动机；12—液压泵；13—板链；14—转向桥；15—板式送料器从动轴；16—推辊；17—右延伸熨平板；18—振动器轴；19—熨平板架；20—螺旋分料器；21—板式送料器传动轴；22—送料离合器；23—行车制动器；24—终传动；25—分动箱输入轴；26—主传动链；27—离合器；28—变速箱；29—燃油箱；30—料斗；31—转向液压缸；32—前车轮；33—前横梁

性能。在从动盘上还装有扭转减振器。

2. 分动箱传动及行走装置

动力系统主变速箱输出轴经链轮滚子链传到分动箱输入轴，动力传至分动箱。分动箱分快、慢挡，快速挡行驶，慢速挡为摊铺作业速度。为防止传动链伸长松动，分动箱上装有张紧装置，从而保持传动链传动平稳。如图 2-12 所示。

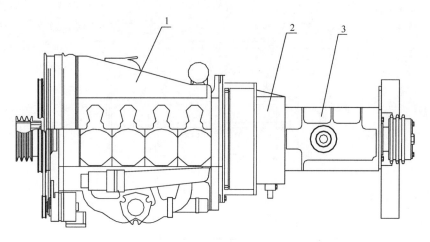

图 2-10 动力装置
1—发动机；2—离合器；3—变速箱

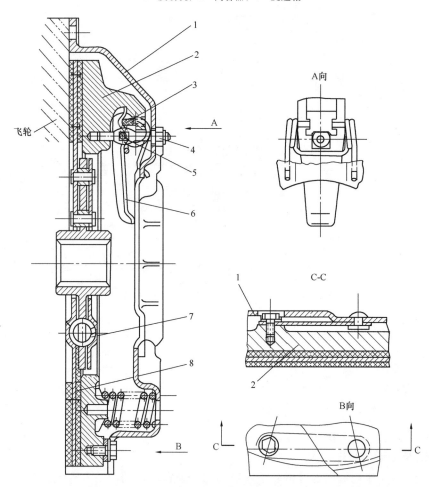

图 2-11 主离合器
1—盖；2—压盘；3—摆动支承片；4—支承螺栓；5—浮动销；6—分离杠杆；7—扭转减振器；8—从动盘

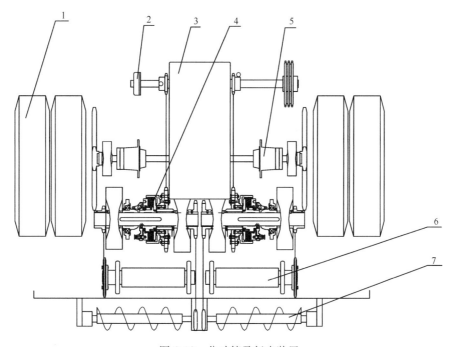

图 2-12 分动箱及行走装置
1—轮胎；2—手制动器；3—分动箱；4—送料离合器；5—行车制动器；
6—板式送料器主传动轴；7—螺旋分料器

(1) 分动箱

分动箱有 4 根相互平行的轴，通过轴承装在箱壳上，一轴为输入轴，二、三轴为花键轴，三轴装有滑移换挡齿块，四轴装差速器大齿轮。一轴在箱体外两侧装有 2 只 12 齿链轮，通过滚子链将动力传送到送料离合器轴。分动箱构造如图 2-13 所示。

(2) 差速器

差速器由圆锥行星齿轮、行星齿轮轴（十字轴）、圆锥半轴轮和差速器壳组成。分动箱四轴的大齿轮铆接在差速器壳一边的凸缘上，十字形行星齿轮轴嵌在左右差速器壳中，差速器壳的剖分面通过行星轮轴颈中心线，十字轴颈上浮套 4 个直齿圆锥行星齿轮。差速器壳和十字轴组成行星架。左右两个直齿圆锥半轴齿轮轴承，分别支承在差速器壳相应的座孔中，行星轮与半轴齿轮啮合。左右半轴齿轮内花键与半轴连接。动力经大齿轮传递到差速器后十字轴行星轮、半轴齿轮、到半轴、到终传动，最后到左右两边车轮。两边车轮以相同的转速转动时，行星轮只有绕半轴轴线转动——公转。如两边车轮阻力不同，则行星齿轮在作公转运动同时，还可能绕自身轴线转动——自转。当行星轮自转时，两半轴齿轮就可以按不同转速运动。差速器构造如图 2-14 所示。

3. 送料离合器

送料离合器为多板式摩擦离合器，主动片（外片）外齿与离合器壳内齿啮合，为粉末冶金烧结的摩擦材料。从动片（内片）为钢片，内齿与齿套啮合，齿套用键连接在传动轴上，离合器壳与大链轮用固定销连接在一起，空套在传动轴上。离合器不压紧时，离合器壳链与大链轮在轴上空转，当压紧摩擦片时，传动轴小链轮转动。送料离合器构造如图 2-15 所示。

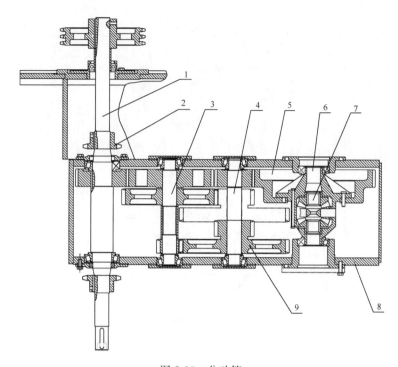

图 2-13 分动箱

1—输入轴；2—链轮；3—二轴；4—三轴；5—大齿轮；6—出轴（半轴）；
7—差速器；8—箱体；9—快慢齿轮块

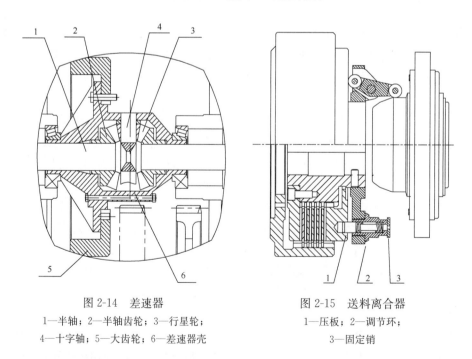

图 2-14 差速器

1—半轴；2—半轴齿轮；3—行星轮；
4—十字轴；5—大齿轮；6—差速器壳

图 2-15 送料离合器

1—压板；2—调节环；
3—固定销

三、工作装置

摊铺机工作机构包括牵引大臂、熨平板装置和螺旋分料器。

1. 牵引大臂

大臂为左右对称式布置,通过大臂拖挂使熨平板工作时具有浮动找平功能。大臂为板焊接件。

2. 熨平板装置

熨平板起到熨平压实作用,熨平板装置的左右熨平板前后错开装在熨平板架上,通过油缸活塞在导管和导轨上伸缩。

熨平板装置包括:熨平板机架、左右熨平板、振动器、加热器、调拱器等。

(1) 熨平板机架

为框架式焊接构件,框架上部装有2根导管和球轴承,左右熨平板前后通过导管导向板装在机架上,导管通过球轴承可轴向滑动,导管两端与左右熨平板连接,用T形螺栓与找平大臂连接,T形螺栓可作摊铺厚度粗调用。

(2) 左右熨平板

左右熨平板前后对称布置在熨平板机架上,熨平板为框架焊接构件,底部为耐磨的熨平底板,前端为导向板。

(3) 振动器

在左右熨平板中分别装有振动器,振动器由油马达驱动偏心轴振动结构。

(4) 加热器

加热器由助燃风机、电磁阀、喷嘴构成,安装在熨平底板上部的烟道之上,由燃油泵供给的燃油经电磁阀通过喷嘴,成雾化状态,电火花点火,在风机的助燃下燃烧,加热后的烟气在烟道内通过,从而加热熨平底板。

(5) 调拱器

熨平板调拱器分为机械式和液压式两种调节形式。原理都是调整熨平板中间接缝位置的调节机构,从而调整两侧熨平板的左右倾角。先调整好熨平板宽度,再根据路拱情况进行相应调整:机械式调节熨平板中部的螺旋调节装置;液压式通过操作控制面板上的按钮来调节熨平板中部的两个拱度油缸,用另一个单作用制动油缸将位置固定。在标尺上直接读出拱度的绝对值(mm)或横坡百分数。调整好拱度后要进行校验,必要时再次进行调整。

3. 螺旋分料器

螺旋分料器分左右旋(图2-16),螺旋叶片上嵌有可换耐磨合金叶片,螺旋转动将刮板输送器送来的沥青混合料向左右侧分摊开,螺旋一般基本铺宽2.5m,铺宽超过3m,则应加装附加螺旋接长装置。

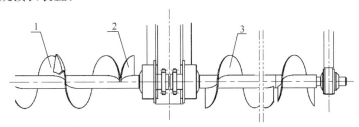

图 2-16 螺旋分料器

1—左螺旋;2—反向螺旋;3—右螺旋

四、行走系统

履带式行走机构主要由导向轮、张紧装置、履带架、支重轮、驱动装置、托链轮及履带板等组成,如图 2-17 所示。当液压马达带动驱动链轮转动时,与驱动链轮相啮合的链轨及履带板有相对移动的趋势,但是,由于履带板与路面之间的附着力大于驱动链轮、支重轮和导向轮的滚动阻力,所以履带板不会滑动,而驱动链轮、支重轮和导向轮则沿着铺设的链轨滚动,从而驱使整机行走。整机履带行走机构的前后履带均可单独转向,从而使机器转弯半径更小或实现蟹行。

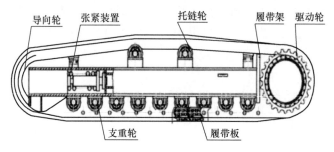

图 2-17 履带式摊铺机行走系统

五、液压系统

1. 行走系统回路

以履带式液压摊铺机为例,其行走系统回路如图 2-18 所示。该系统是闭式液压回路,其主要由双向变量泵、双向变量马达、补油泵、伺服三位四通换向阀、二位三通换向阀、控制油缸、过载补油阀、液控梭阀、卸荷阀、溢流阀等组成。双向变量泵与双向变量马达为柱塞式,泵的压力油直接驱动马达旋转,从而驱动摊铺机行走。泵的排量的大小取决于变量系统中伺服比例三位四通电磁换向阀输入的电信号的大小。当伺服比例三位四通电磁换向阀通过装在控制台上的速度电位器接受一个连续的、线性变化的电信号时,就按比例输出一个连续变化的压力油,这个压力油再通过控制油缸的位移大小作用于变量泵,变量泵的斜盘夹角也就相应地有一个连续地变化,因而变量泵的排量也就连续地变化。过载补油阀使回路高压侧油压维持在 35MPa 之内,过载的压力油可向低压侧补油,起到对液压回路安全和真空补油防气蚀的作用,因而变量马达两侧都可能成为高压,故液控梭阀也是可双向控制卸放低压侧热油的作用。卸荷阀使低压侧压力维持在 1.6MPa 之内,当低压侧油压高于 1.6MPa 时,液压油便通过液控梭阀和卸荷阀卸荷回油箱。补油泵主要向闭式回路低压侧补油及双向变量泵提供控制油,当向低压侧补油时,通过过载补油阀的单向阀完成;当提供控制油时,通过节流阀伺服比例三位四通换向阀等进入控制油缸,从而以较小的压力油控制变量泵的斜盘倾角,使摊铺机换向平稳,微动性好。

双向变量马达通过单向阀伺服二位三通换向阀及控制油缸控制其斜盘倾角,从而对行走系统进行二次调节。当伺服二位三通换向阀没有输入信号时,由于其弹簧作用,阀处于下位工作。当有信号输入时,阀处于上位工作。

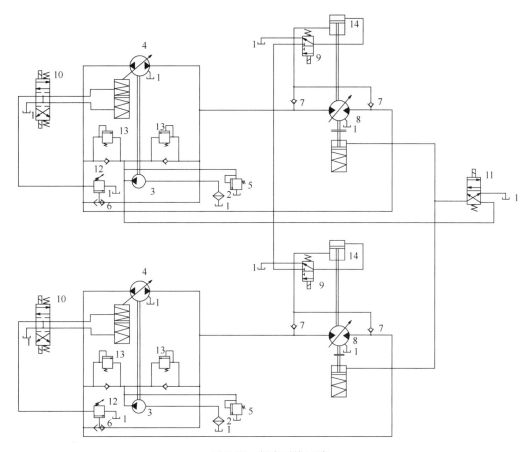

图 2-18 行走系统回路

1—油箱；2—滤清器；3—补油泵；4—双向变量泵；5—溢流阀；6—液控梭阀；7—单向阀；
8—双向变量马达；9—二位三通电磁换向阀；10—伺服比例三位四通电磁换向阀；
11—二位四通电磁阀；12—卸荷阀；13—过载补油阀；14—控制油缸

2个变量液压泵和2个变量液压马达组成闭式液压回路，分别驱动两侧的履带。液压驱动系统和电子控制的2个履带可独立驱动，在负载改变的条件下可产生最大与之相适应的牵引力，在弯道上亦可产生最大的牵引力。计算机同步控制系统，精确保持预选速度和转弯半径，准确的直线行走和恒速平滑的弯道转向。通过传感器测定每侧履带的行驶速度，将被测值与控制电位器中的预选值进行比较，通过电控系统纠正预置与实际值之间的偏差。即使在遇到极大冲击的情况下，也能保证按预定的速度和转角行驶。

此外，两侧履带可反向旋转原地转向，摊铺机的转弯半径小。变量泵上装有压力切断装置，防止牵引系统超载和过热。全液压驱动系统，无级变速，调速范围宽。

2. 料斗翻转油缸液压回路

料斗翻转油缸液压回路主要由定量齿轮泵、料斗收缩油缸、三位四通电磁换向阀、背压阀、溢流阀、节流阀、单向阀等组成，如图2-19所示。

齿轮泵供油分两路到达料斗收缩油缸，一条为油压经单向阀直接到达三位四通电磁换向阀内，另一路为经节流阀和单向阀到达三位四通电磁换向阀，当三位四通电磁换向阀处于中位时,料斗开闭油缸处于固定位置,而当该换向阀处于右位或左位时,料斗打开或闭合。溢流阀起系统定压作用、背压阀起稳定回路压力的作用,保证料斗打开趋于平缓,其调定压力为 1.5MPa。

3. 刮板输送器液压回路

刮板输送器液压回路由定量泵、定量马达、溢流阀、调速阀等组成,如图 2-20 所示。刮板供料器液压系统采用的是单向定量泵和单向定量马达组成的开式回路,左、右液压回路相同。泵输出的油经过电磁阀进入左输送带马达,流回油箱。溢流阀用来控制并调节马达的压力,调速阀通过调节进油路和回油路的流量差进行调速。马达转动方向通过电磁阀实现调节。

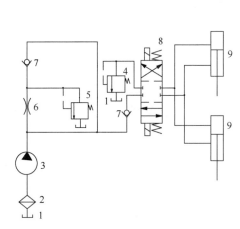 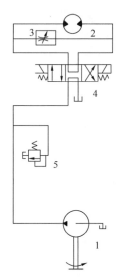

图 2-19 料斗翻转油缸液压回路
1—油箱;2—滤清器;3—定量齿轮泵;4—背压阀;
5—溢流阀;6—节流阀;7—单向阀;8—三位四通
电磁换向阀;9—料斗收缩油缸

图 2-20 刮板输送器液压回路
1—定量泵;2—定量马达;3—调速阀;
4—三位四通电磁阀;5—溢流阀

4. 螺旋布料器液压回路

螺旋分料器液压回路采用了双向变量泵和双向定量马达组成的闭式回路,附有补油泵,如图 2-21 所示,工作原理和行走液压回路完全相同。油液通过节流阀减小流过换向阀流量,保证液压泵的换向平稳。当液压泵突然停止供油,即摊铺机制动时,液压马达由于惯性力的作用可造成系统一侧出现真空、一侧出现过载现象,溢流阀与单向阀则共同起作用,为液压马达进行过载卸压及真空补油。

该系统变量泵通过三位四通电磁换向阀实现变量泵斜盘的正负角的变化和其排量的控制。控制油来自补油泵,补油泵由溢流阀定压。

5. 熨平板提升液压回路

熨平板提升液压回路主要由:定量齿轮泵、熨平板提升油缸、溢流阀、卸荷阀、节流阀、单向阀、四位四通手动换向阀、液控单向阀、调压式溢流阀、二位二通电磁换向阀和二位二通电磁换向阀等组成,如图 2-22 所示。

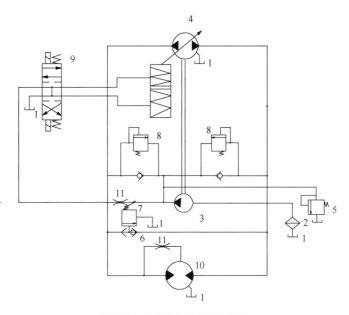

图 2-21 螺旋布料器液压回路

1—油箱；2—滤清器；3—补油泵；4—双向变量泵；5—溢流阀；6—梭阀；7—卸荷阀；8—溢流阀；
9—三位四通电磁换向阀；10—定量马达；11—节流阀

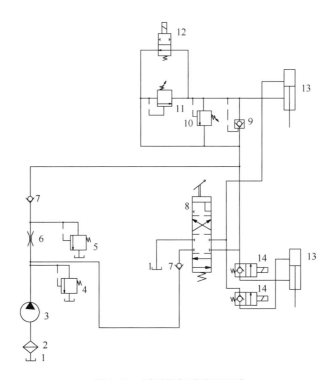

图 2-22 熨平板提升液压回路

1—油箱；2—滤清器；3—定量齿轮泵；4、5—溢流阀；6—节流阀；7—单向阀；8—四位四通手动换向阀；
9—液控单向阀；10、11—调压式溢流阀；12、14—二位二通电磁换向阀；13—熨平板提升油缸定量齿轮泵的供油分两部分进入熨平板提升油缸。一部分经节流阀进入单向阀然后到换向阀,进入熨平板提升油缸;另一部分从齿轮泵出来,经单向阀进入单向阀。系统中没有通电时,二位四通电磁换向阀处于左位,液压油直接由卸荷阀卸荷,提升油缸处于闭锁状态。当摊铺机摊铺运行时,熨平板提升油缸闭锁,保证摊铺路面的平整度。系统中通电时,二位四通电磁换向阀处于右位,整个系统开始工作提升或下降油缸。

当四位四通手动换向阀处于上位时,熨平板处于浮动位置,升降油缸的上下油腔浮动。处于第二位时,来油进入油缸上腔,熨平板下降,此时的油压由调压式溢流阀调定,调定值为3MPa;处于第三位时,熨平板处于静止状态;处于下位时,来油进入油缸下腔,熨平板上升,此时经节流阀的油也进入油缸的下腔,为熨平板的上升增加了辅助油压,此时油压由调压式溢流阀调定,调定值为2~7MPa。

6. 振捣梁液压回路

该液压系统采用定量泵-定量马达开式系统,由振捣泵、振捣马达、调速阀、二位二通电磁阀和溢流阀组成,如图2-23所示。

在摊铺机工作时,泵供油直接到达振捣马达。调速阀用于振捣马达速度(频率)的调整,振捣频率为0~25Hz,在此范围内通过调速阀对此无级调速。

首先要将阀组内的电磁阀通电。阀组通电后二位电磁阀处于左位工作,开机进行振捣工作。溢流阀主要是对整个振捣系统进行压力调节,防止液压系统过载,调压值为21MPa。

7. 熨平板振动液压回路

熨平板振动液压回路由振动泵、振动马达、分路式溢流阀、定差减压阀、冷却器、滤油器组成,如图2-24所示。振动装置通常采用液压马达驱动偏心块,依靠高速转使偏心块产生激振力,完成对沥青混凝土的熨平和压实。振动频率为0~3600r/min,振动马达工作频率一般不变。振动液压回路由单向定量泵、单向定量马达组成的开式系统。当只有电

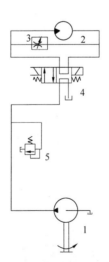

图2-23 振捣梁液压回路
1—振捣泵;2—振捣马达;3—调速阀;
4—电磁阀;5—安全溢流阀

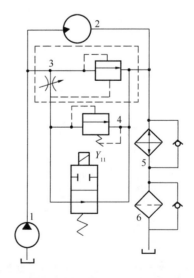

图2-24 熨平板振动液压回路
1—振动泵;2—振动马达;3—分路式溢流阀;
4—定差减压阀;5—冷却器;6—滤油器

磁阀 Y_{11}，通电时，电磁阀处于下位，振动马达工作；断电时，马达停止工作。马达由分路式溢流阀、定差减压阀（调整压力 18 MPa）及开关电磁阀 Y_{11} 控制，其工作原理与刮板送料回路相同。此外，在回路中装有冷却器、滤油器以及温度传感器。

8. 侧臂控制液压系统

侧臂控制由液压缸执行，两个控制油缸组成的两个功能相同的液压回路，整个自找平液压回路由齿轮泵、节流阀、溢流阀、阀组及找平油缸等组成，如图 2-25 所示。当路基不平时，路基高低的变化由传感器感应后转化为电信号，使阀组中的电磁换向阀某一端通电，从而使其在左位或右位工作，实现自动找平。阀组由电磁换向阀和液压锁组成。液压锁的作用是保证找平油缸在不进油时严格定位，使自动找平系统正常、可靠地工作，为了保证找平油缸匀速稳定运动及找平精度高，要求阀组的液压油流量必须恒定，故在系统中设有节流阀以保证速度变化缓慢。两液压油路压力由溢流阀调定，调定值为 3MPa。

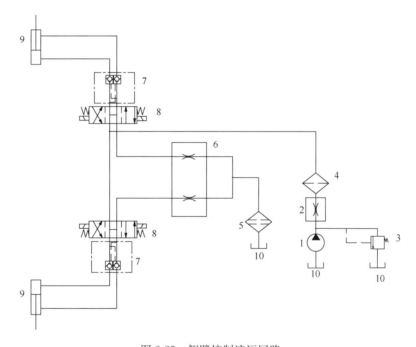

图 2-25 侧臂控制液压回路

1—液压泵；2—节流阀；3—溢流阀；4—粗滤器；5—细滤器；6—节流阀；
7—液压锁；8—三位四通电磁换向阀；9—侧臂控制油缸；10—油箱

第四节 电控系统工作原理

一、行走电控系统

摊铺机具有行驶和摊铺两种工作状态。所谓"行驶"状态指的是摊铺机在工作前或工作结束后的转场行驶，此时，摊铺机不进行摊铺物料的工作；所谓"摊铺"状态，也叫作"作业"状态，是指摊铺机行驶同时进行摊铺物料的工作状态，为了使摊铺均匀平整，要求摊铺机在摊铺状态下低速恒速直线行驶。要实现摊铺机的转场行驶和恒速直线摊铺作业，行驶控制器需要满足以下要求：

（1）具备两种工作模式，即摊铺模式与行驶模式；

（2）在两种模式下，无论是前进还是后退，行驶速度均能连续调节，尤其要保证起步平稳，并具有良好的低速稳定性；

（3）在摊铺模式下，能够实现两侧履带无差速直线行驶，两侧履带应能各自独立调整至行驶速度设定值；

（4）在摊铺模式下，能够实现左右差速转向，转行半径连续可调。当转向半径设定后，就以固定的转向半径恒速转向；

（5）在行驶模式下，能实现较快的直线行驶，也能实现差速转向；

（6）在作业模式下应有原地转向功能，无恒速要求，采用开环控制，两侧履带速度大小相等，方向相反；

（7）在高速时应屏蔽原地转向功能；

（8）应有紧急制动功能。

行驶控制器主要对发动机转速、泵排量以及马达的输出转速进行控制，本系统所采用的摊铺机行走系统的控制方案，如图2-26所示。控制器的核心是控制比例电磁阀 Y_{11} 和 Y_{12}（分别为变量泵左前进、左后退比例电磁阀），电磁阀 Y_{21} 和 Y_{22}（分别为变量泵右前进、右后退比例电磁阀）以及主电磁阀 Y_3 和 Y_4（分别为左右双速马达开关电磁阀），通过调节 Y_{11}、Y_{12}、Y_{21} 和 Y_{22} 4个电磁阀以不同组合方式工作，实现前进、后退及转向；通过 Y_3、Y_4 控制马达高低速转换，实现摊铺机行驶及摊铺两种工作模式。各电磁阀实现的控制功能、变量泵电磁阀的逻辑关系见表2-2和表2-3。

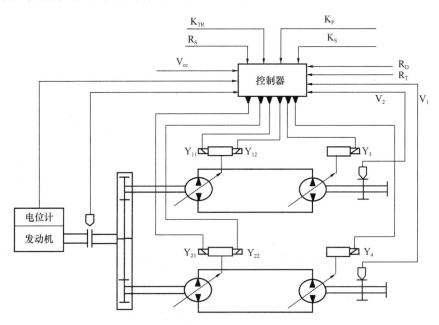

图2-26 摊铺机行驶系统控制方案

电磁阀功能表　　　　　　　　　　　　　　　表 2-2

电磁阀	Y11	Y12	Y21	Y22	Y3	Y4
功能	变量泵左前进	变量泵左后退	变量泵右前进	变量泵右后退	左马达速度转换	右马达速度转换

变量泵电磁阀逻辑表　　　　　　　　　　　　表 2-3

Y11	Y12	Y21	Y22	功　能
1	0	0	0	变量泵左前进
0	1	0	0	变量泵左后退
0	0	1	0	变量泵右前进
0	0	0	1	变量泵右后退

电位器 R_s、R_D、R_T 分别用作最大行走速度、驱动手柄和转向的控制，最大行走速度电位器 R_s 用于设定摊铺机行走速度最大值；驱动手柄电位器 R_D 用于确定摊铺机行走方向，同时对行走速度进行无级调节，当驱动手柄推至极限位置时，摊铺机所能达到的速度就是最大行走速度电位器设定值；转向电位器 R_T 可以改变左右电磁阀输入电流大小，从而利用左右履带速度差实现转向，转向采用"C"形转向方式。直线行走时，转向电位器处于中位；左旋钮时，则左侧速度减小，右侧速度增大或不变；右旋钮时，则右侧速度减小，左侧速度增大或不变。通过调整旋转角度，不断改变转弯半径，实现转向的圆滑性。

控制器上设置了原地转向按钮 K_{TR}、行驶/摊铺二位开关 K_P、紧急制动按钮 K_s。

(1) 在停车状态下按下 K_{TR}，给左右电磁阀通以相同大小的电流进行低速原地转向，转向前判断左右两侧履带速度大小，向速度低的一侧进行原地转向，在前进/后退模式下，禁止原地转向。

(2) K_P 为行走/摊铺二位开关，行驶控制器利用程序判断 K_P 的位置并判断摊铺机的工作状态，开关在"行驶"位时，行走控制为开环状态，不进行恒速和直线控制。开环控制原理如图 2-27 所示。通过比例伺服阀改变变量泵斜盘倾角来控制供给液压马达的流量，以此来调节液压马达的转速。此时变量马达电磁阀得电，马达处于最小排量。

图 2-27　摊铺机行驶开环控制原理图

K_P 在"摊铺"位时，为了实现恒速和直线控制，利用速度传感器 V_1 和 V_2 将行走速度反馈至输入端，速度反馈信号与指令信号差值经积分放大器加到变量伺服机构的输入端，液压泵的流量向减小速度误差的方向变化，保持速度恒定。此时，行走控制采用闭环模式，这种控制方式能大大提高速度调节的精确性，保证行驶速度恒定。闭环控制原理图如图 2-28 所示。此时变量马达的电磁阀失电，马达处于最大排量。

(3) 紧急制动按钮 K_s 来防止意外事故发生。

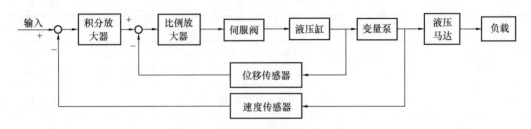

图 2-28　摊铺机摊铺闭环控制原理图

二、输分料电控系统

输分料控制分为手动控制与自动控制，其目标是保持摊铺机熨平前物料的均匀，使摊铺层满足一定的厚度与平整度要求。输分料控制器根据摊铺速度和厚度控制输分料速度，保证了输分料系统连续均匀供料，从而提高了摊铺物料的均匀性。所以，对摊铺机输分料控制器进行优化设计可以提高摊铺机工作质量，保证施工路面的均匀、平整。

输分料系统由料斗、闸门、刮板、输送器和螺旋分料器等构成。摊铺物料由转运车从搅拌站运送到摊铺机的料斗中，经过闸门，再利用输料马达控制刮板的开度控制输料速度；物料通过输送器，利用分料马达控制螺旋分料器的分料速度，从而将物料均匀地摊铺在路面上。输料、分料系统工作过程组成框图分别如图 2-29 和图 2-30 所示。

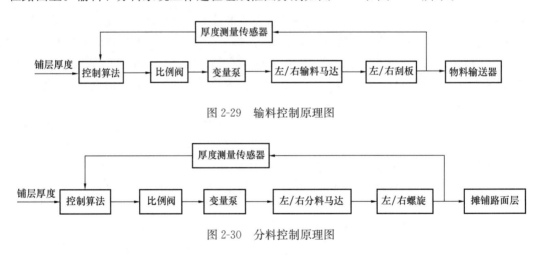

图 2-29　输料控制原理图

图 2-30　分料控制原理图

1. 输分料电控系统组成

摊铺机有左、右输料系统及左、右分料系统。输料系统和分料系统的工作原理都是通过厚度测量传感器测得实际摊铺层厚度，与要求达到的预设铺层厚度进行比较，通过控制算法，得到相应的输出电流控制输料器的刮板开度或者分料器的螺旋分料速度，达到实际铺层厚度与预设厚度一致的要求。输分料控制器完成的任务就是测量实际摊铺层厚度，并与预设铺层厚度进行比较，通过一定算法得出相应的输出。大部分输分料控制器采用超声波传感器测量实际摊铺层厚度，采用 PID 算法计算输出实现对电磁阀的控制。

2. 超声波测距原理

超声波是指频率高于 20KHz，并不引起声感的弹性波。由于超声波的波长很短，因而具有很强的定向传播能力。利用超声波作为定位技术是蝙蝠等一些无目视能力的动物作为防御及捕捉猎物生存的手段，也就是由生物体发射不被人们听到的超声波，借助空气媒质传播，由猎物或障碍物反射回来的时间间隔长短与被反射的超声波的强弱判断猎物性质或障碍位置的方法。由于超声波的速度相对于光速要小得多，其传播时间就比较容易检测，并利用超声波测距。超声波测距是一种利用声波特性、电子计数和光电开关相结合来实现非接触式距离测量的方法。

超声波测距已广泛应用于生产、科研的方方面面。如移动机器人要想能够自动避障行走或是找到目标物，就必须装备测距系统，获取障碍物或目标物的距离信息。在工业生产方面，当现场条件受限时也常常使用超声波进行非接触测距。目前超声波测距仪的测量距离和精度能够满足一般工程上的需要，且成本较低，使用方便。

超声波测距一般有直接式和反射式这两种方式。反射式是较远距离测量和移动目标测量最常用的方式。其原理是：超声波发射器发射超声波，检测波经（大气）媒质传播到达超声波接收器的时间 t，将 t 与（大气）媒质中声速相乘，即可得到声波传输的距离。当 L 相对较远时，可忽略反射角；或采用收发同体的传感器，利用声波传播速度在相当大范围内与频率无关这一性质，超声波发射器与被测目标之间的距离 L 为：

$$L = \frac{1}{2}ct \tag{2-2}$$

式中，c 为超声波在空气中传播的速度，一般情况下约为 344m/s。当发射的超声波为一个或一组脉冲时，这种方法也就是脉冲回波法。

脉冲回波方法是通过测量超声波经反射到达接收传感器的时间与发射时间之差实现距离测量的，称为 TOF（Time of Flight）方法，也叫飞渡时间方法，实现简单，被广泛地应用于声学测距系统。它的原理是：超声波发射器发出单个或一组超声波脉冲，同时计时器开始计时，超声波在空气中传播，途中遇到被测目标，经过反射到达超声波接收器，此时停止计时器计时，得到的时间 t 就是超声波在发射器和被测目标之间来回传播的时间。

超声波传播到被测目标并被反射回来，在延迟 t 后由超声波接收器进行信号检测。脉冲回波方法仅需要一个超声波换能器，即这个超声波换能器完成发射和接受功能，但是接发同体又导致了"死区"的存在，因此为监测快速变化的环境或者测量短距离，就需要转变有着"死区"的单传感器的发送和接受模式。由于有限的带宽，大部分常用的脉冲回波模式声波测距系统不能测量小于几个厘米的范围。

采用脉冲回波测距法示意图如图 2-31 所示。由于摊铺机工作环境比较恶劣，温度变化比较大。因此，考虑到外界环境对测量值的影响，需测量环境温度对声速进行补偿，补偿温度对测量距离所带来的误差，得到精确的物料厚度 h。

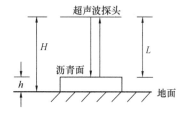

图 2-31 料位控制器超声波测距原理图

三、熨平板找平电控系统

自动找平系统主要由三个部分组成：参考基准、自动找平仪（包括纵向控制器和横向控制器）及执行机构。它主要作用是克服摊铺机在摊铺过程中由于路基不平或供料不均匀、摊铺速度变化、材料温度变化等影响而造成摊铺路面不平的缺点，使得摊铺路面的平整度及横坡达到公路施工规范要求。

1. 找平系统分类及优缺点

摊铺机找平系统按照其工作方式可分为挂线找平、接触式平衡梁找平和非接触式平衡梁找平系统三种。

（1）挂线找平是应用最早的方式，其优点在于能较好地补偿路面高度误差。但是人工挂线找平方式的影响因素太多，比如测量和挂线是否准确，钢丝的张紧程度如何，以及振动、风力和偶然因素的影响，使得该方法很难达到路面施工对平整度的要求。

（2）接触式平衡梁的找平方式是随摊铺机移动的机械装置产生一个相对平直的虚拟基准线，但是整个控制系统功能并没有丝毫改变，这种方法在一定程度上提高了平整度，所以在目前沥青路面的施工中被广泛采用。但是由于其体积过于庞大，拆装、转场、搬迁不方便，并且系统是机械动作反馈，多次拆装容易变形，因此仍有待改进。

（3）非接触式平衡梁采用数字式控制系统，具有操作直观、反馈信息快、结构轻巧、适应性强等优点。然而，天气、声频、传感器结构、工作窗范围、传感器线路上的粒料等都会影响摊铺的平整度。

2. 熨平板找平系统原理

沥青混凝土摊铺机自动找平系统的工作原理为：摊铺机施工时，主机行驶在路面基层上，由检测传感器测出基层面的沥青实际高度并与标准设定高度进行比较，当偏差值达到一定程度时，由调节器发出指令控制伺服阀，通过液压泵驱动找平液压缸使牵引大臂产生一定量的位移，牵引点的改变引起熨平板相应的垂直运动，从而引起摊铺层发生变化，消除路面波动，使摊铺后的路面表面均匀一致，达到要求的路面平整度。其技术特性直接影响摊铺路面的密实度和平整性，摊铺路面的平整度主要取决于对浮动式熨平板的控制，通常通过改变熨平板的仰角来控制熨平板的上下浮动。自动找平控制系统框图，如图2-32所示。

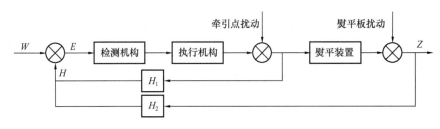

图2-32　自动找平控制系统框图

W—检测点设定高度；E—误差信号；H—检测点实际高程；
H_1—牵引枢铰点实际高程；H_2—熨平板实际高程；Z—铺层表面高程

3. 影响自动找平控制系统精度的几个因素

沥青混凝土摊铺机自动找平控制系统就是根据路面的平整度情况来控制熨平板的仰角，从而使摊铺出来的路面能够达到规定的平整度要求。在摊铺机的工作过程中，外界所带来的客观和主观的影响也是不可避免的。

（1）基层路面的不平整，使摊铺机在行驶过程中机身上下移动，导致熨平板的上下扰动。虽然基层路面的铺设是按照一定的标准的，但是在有些路段难免会出现较大的偏差，产生了一个很大的偏差量。

（2）摊铺机一切系统正常运行的前提是摊铺机的恒速行驶，但是要保证摊铺机行驶速度的绝对恒速是不可能的。摊铺机工作速度的改变，将引起振捣梁对混合料的重叠冲击次数改变，造成了熨平板前混合料的初始密实度的变化。由熨平板动力学分析可知，这将引起铺层表面平整度的下降。

（3）在摊铺机摊铺路面的过程中，螺旋分料器送料的速度稳定性也将在一定程度上影响着自动找平系统的控制精度，当螺旋分料器开机、停机或速度改变时，这种作用力将改变。而且，料堆对熨平板运行的附力也随着料堆高度的不同而改变。所有这些作用力的变化都将破坏熨平板原有的力平衡，引起熨平板上下波动。其中，摊铺速度和给料的变化对找平系统的影响最大，因为两者都是可观测的确定性干扰，所以将二者作为找平系统的确定性干扰引入前馈干扰。

4. 施工注意事项

（1）在装卸找平仪的过程当中要防止磕碰、轻拿轻放，并注意超声波探头上不要沾上油污等物，并始终保持探头表面的清洁。

（2）在关掉电源开关前，应卸下找平仪与摊铺机的连接探头。

（3）找平仪在使用过程中可使用2种布置方法，以适用不同的作业工况：第一种布置方法是采用2个超声波传感器、数字控制器（纵坡）和1个数字斜坡传感器（横坡），适用于摊铺宽度在6m以内；第二种布置方法是采用2个超声波传感器、数字控制器（左右各布置1个）。

（4）使用找平仪时要求按相应的基准控制，可以采用拉钢丝绳线、已铺筑路面、路沿等作为基准。

（5）声波传感器有2种安装位置：第一种是把超声波滑靴传感器安装在与分料杆中心线大致在一直线的位置上；第二种是在摊铺路面面层过程中使用移动式自动找平梁装置时，超声波传感器应按找平梁的要求来安装。

（6）非接触平衡梁要竖直安装，确保各个超声波探头与路面的垂直性。

（7）每个超声波探头要离开周边物体，以免这些物体处在探头的超声波视野内。最前一个超声波探头应平行或超前于摊铺机履带的前端。

（8）理论上讲，超声波探头的安装位置越低，超声波速度补偿杆的补偿效果越好，但考虑到保护超声波探头，一般地，超声波探头离路面的垂直距离为40~50cm。

（9）要保证每个超声波探头的下方没有异物，如集料、施工工具等。

（10）控制盒的工作参数设置要合理，要依据摊铺机的调平液压系统的性能进行设定。如初始脉宽、灵敏度要保证调平系统的响应特性；死区参数要保证系统的精度和稳定性；工作窗口过大系统无法滤掉较大的意外干扰，工作窗口太小则将限制系统的控制性能，使铺层的平整度降低。

第三章 设备操作与使用维护

第一节 操 作 条 件

一、环境条件

（1）在开始作业前应检查工地的地形和地面状况，使机器与沟边或路肩保持一定的距离，如果需要在软地上作业，应事先压实。

（2）在操作机器时，务必穿戴适合于工作的紧身服和安全帽等安全用品，机器作业范围内无障碍物和无关人员。

二、人员条件

1. 了解规则

（1）不要在机械上载人。

（2）了解机械的性能和操作特点。

（3）操作机械时不要让旁人靠近，不要改造和拆除机械的任何零件（除非为了维修需要）。

（4）让旁观者或无关人员远离工作区域。

（5）无论何时离开机械，一定要把料斗或其他部件恢复状态。关闭液压锁定手柄，同时关闭发动机，通过操纵手柄释放残余液压压力，然后取下钥匙。

2. 了解机械

（1）操作机械之前，应先阅读操作手册。

（2）能够操作机器上所有的设备：了解所有控制系统、仪表和指示灯的作用；了解额定装载量、速度范围、刹车、转向特性、转弯半径和操作空间高度；记住雨、雪、冰、碎石和软土面等会改变机器的工作能力。

（3）准备启动机器之前请再一次阅读并理解制造商的操作手册。如果机器装备了专用的工作装置，也请在使用前阅读制造商提供的工作装置的使用手册和安全手册。

三、遵守安全规程

（1）穿戴好工作条件所要求的工作服和安全用品。

（2）佩戴好任何所需要的装备，包括雇主、公用设施管理部门、政府以及法规所要求的其他安全设备，不要碰运气，以增加不必要的危险。

诸如：安全帽；安全鞋；安全眼镜、护目镜或防护面罩；防护手套；耳塞；反光防护服；雨具；防尘面具。

（3）在作业现场任何时间都要戴上安全帽，遵守安全规程。

（4）知道在哪里能够得到援助，了解怎样使用急救箱、灭火器和灭火系统。

（5）认真学习安全培训课程，在没有经过培训的情况下请不要操作设备。

（6）操作失误是由许多因素引起的，如：粗心、疲劳、超负荷工作、分神、药物、酒精等，操作员绝不可以服用麻醉类药物或酒精，这样会损害身体的灵敏度和协调性；服用处方或非处方药物的操作员是否能够安全操作机器，需要有医生的建议。机械的损坏能够在短期内修复，可是人身伤亡造成的伤害是长久的。

（7）为了安全的操作机械，操作员必须是有资格的、得到批准的。有资格是指必须懂得由制造商提供的书面说明、经过培训、实际操作过机器并了解安全法规，由雇主（用人单位）在作业现场对其授权。

（8）大多数机械的供应商都有关于设备的操作和保养的规则。在一个新地点开始工作之前，向领导或安全协调员询问应该遵循哪些规则，并检查机器，保持警惕，避免事故，避免亡羊补牢。

（9）应注意以下事项：了解工地的交通规则；理解现场标志标示、喇叭、口哨、警报、铃声信号等的含义；知道转向灯光、转弯信号、闪光信号和喇叭等使用信息。

（10）了解设备自身安全使用须知、安全标志，逐项检查作业前的风险注意事项。尤其注意识别危险标志：挤压、切割、热表面烫伤及其他危险。

四、为了安全操作做准备

为了保护操作员和周围的人，机械可以装备下列安全设备，应保证每个设备均固定到位且处于良好的工作状态：落物保护装置、前挡、灯、安全标志、喇叭、护板、行走警报、后视镜、灭火器、急救箱、雨刷。

确保以上所有装置的良好工作状态且禁止取下或断开任何安全的装置。

警告：不要擅自取下落物保护装置和前挡（机械维修除外）。

五、开始工作之前的检查

在开始工作之前，应检查机械，使所有系统处在良好的操作状态下。纠正所有遗漏和错误后，再操作机械。检查工作包括：

（1）检查是否存在断裂、丢失、松动或损坏的零件，进行必要的修理。

（2）检查轮胎上的缺口、磨损、膨胀程度和正确的轮胎压力。

（3）更换极度磨损或损坏的轮胎。

（4）检查履带上是否有断裂或破损的销轴或履带板。

（5）检查停车和回转制动器是否正常工作。

（6）检查冷却系统。

警告：要让散热器冷却后再检查冷却液液位！

六、安全上下机械

当登上或离开机械的时候，要绝对做到：

（1）保持三点接触（"三点"指两手一脚）。

（2）要始终面对机械。

(3) 在机械开动时,绝不要上下机械。
(4) 在登上或离开驾驶室的时候,驾驶室必须和行走装置处于平行状态。

七、操作前准备工作

在开始工作之前,对所需的设备和辅助工具进行检查。下列物品应由工地准备:

发动机机油、燃油(柴油)、液压油、黄油、标高线全套装置、垫木等其他配件、工具。一般工况下,垫木的尺寸和数量:1100mm×200mm×高度 h(mm)为2件,1100mm×200mm×10mm 为4件,1100mm×200mm×20mm 为4件。其中高度 h 为摊铺机实际摊铺的高度值。

几个重要部分的具体操作步骤:

1. 调节整平板的工作高度及拱度

(1) 装上对应的辅件、端板等。
(2) 工作宽度超过 2.5m 时,两边螺旋应加长,挡料板也相应加长。
(3) 当摊铺机在公路单边摊铺且不要求熨平板有拱度时,则应将熨平板当中的小盖板揭开,螺杆调节收缩,直至熨平板底平面在一条直线上。
(4) 当摊铺机在公路中间摊铺且铺出的路面要求有拱度时,可根据路面要求的拱度调整螺杆向外张开,直到满足要求为止。

2. 调整螺旋高度

一般情况下,摊铺机出厂时的螺旋分料器最低边缘与地面距离为 215mm,适宜摊铺厚度为 140~190mm。如果摊铺厚度超过 190mm 时,则需将螺旋分料器相应提高。

3. 安装自动找平系统

(1) 先将基准线设置好,基准线的高度要高于摊铺的厚度约 40~50mm(基准线的高度主要以上下调节纵坡控制仪的螺杆来调整)。基准线一般安装在机器的右边,以便于操作人员观察视标杆。为了保证铺筑路面的平整度,基准线的设定必须十分精心,其长度以 100~150m 为宜,立线高度差(与设计值相比)不超过 5mm,基准线的桩间距离最好是 5~10m,张紧力大约为 60~70kg。
(2) 用螺栓将纵坡控制仪可调支架固定到熨平板侧面的端板上,并把纵坡控制仪安装到支架上,用连接线接好。

注意:调节纵坡控制仪上的配重块,使传感臂始终压在基准线上(与基准线接触)。当用绳子或钢丝绳做基准线时,配重块应预防可调支架可能的向下运动,以防止传感臂向下压低绳子或钢丝绳,随之将错误的信号发送到找平系统。

(3) 找平控制仪的调试及操作方法,可细阅读《自动找平仪使用说明书》。

4. 调整摊铺厚度

(1) 将机器开到摊铺开始的位置。
(2) 将熨平板落下放到两条垫木上,此垫木厚度等于要求摊铺的高度(包括松铺系数)。

5. 调定自动找平系统

(1) 启动发动机。
(2) 将找平控制仪的"ON-STANDBY"开关拨到"STANDBY"位置上。

注意:调试仪器之前,必须将"ON-STANDBY"开关拨到"STANDBY"位置上。

如果拨到"ON"位置上，有可能造成小臂油缸的指针上下移动。

（3）将"熨平器"升降开关扳到"降"的位置，使熨平板在工作中处于浮动状态。

（4）将"料斗"升降开关扳到中位。

（5）将面板上的"自动找平仪"开关拨到"手动"位置，把左、右小臂的指针提升到刻度尺的"15～16"之间，两边指针的高度位置应尽量保持一致。

此时，应根据经验（若没有，可在试铺路段测出）调节熨平板的工作仰角，一旦确定后就不要随意变动，在摊铺厚度变化时可适当调整。由于在工作中熨平板始终处于浮动状态，所以熨平板仰角的大小直接影响到摊铺出来的路面平整度。

（6）将"自动找平仪"开关拨到"自动"位置上。

（7）将前面的几项动作按顺序结束后，再调试找平控制仪。具体调试方法可仔细阅读《自动找平仪使用说明书》。

注意：在调试纵坡控制仪时，应尽量保证调节螺杆有上下移动的余量。否则，应重新调整基准线的高度（在试铺路段时，就可得出基准线的适当高度）。

第二节 设 备 操 作

一、操作说明

1. 操纵台各操作件

操纵台各操作钮的布局如图 3-1 所示。

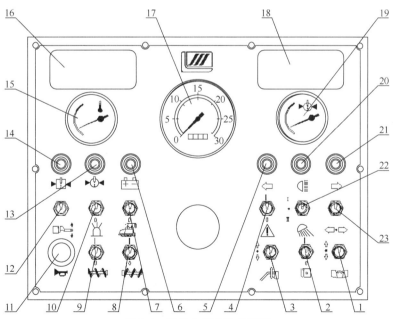

图 3-1 操纵台操作件布置图

1—料斗开关；2—振动开关；3—熨平板升降开关；4—驻车开关；5—左转向指示灯；6—充电报警灯；7—作业开关；8—右送料开关；9—左送料开关；10—仪表灯开关；11—喇叭开关；12—枢轴升降开关；13—机油压力过低报警灯；14—回油滤芯报警灯；15—水温表；16—仪表灯；17—转速表；18—仪表灯；19—机油压力表；20—远照指示灯；21—右转向指示灯；22—车灯开关；23—转向灯开关

2. 各部分操作介绍

（1）电源总开关

电源的总开关（图3-2）安装在前面板右后方的下面。

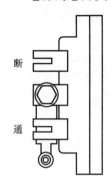

图3-2 电源总开关

开机前，应先接通电源总开关，将闸刀开关扳到"通"的位置，全部电路通电。停车后，闸刀扳到"断"的位置。这时，除夜间停车灯亮外，其余电路均切断。机器运转中，不允许将电源开关拉到"断"的位置。

（2）发动机控制装置

1）预热启动开关

预热启动开关共有三个挡位。

① 空挡：在空挡位置时，开关钥匙可以自由进出。

② Ⅰ挡：由空挡向顺时针旋转，即进入Ⅰ挡，在Ⅰ挡位置，发动机操作电源接通。

③ Ⅱ挡：由Ⅰ挡继续向顺时针方向旋转，即进入Ⅱ挡。Ⅱ挡为发动机启动挡，只要发动机一启动，就松开启动开关，当手松开开关钥匙时，启动开关将自动返回Ⅰ挡。

2）充电报警灯

充电报警灯显示发电机的工况。

① 当启动开关接通，发动机未启动时，充电报警灯亮。

② 当发动机运转时，发电机工作正常，充电报警灯灭。

③ 当发动机运转时，充电报警灯亮，表示发电机工作不正常，应立即停车，查找原因。

如果发现充电报警灯未发出报警信号，而蓄电池供电不足时，应检查发电机与蓄电池之间的充电线路，特别注意检查电器盒内的45A熔断器是否完好。

3）机油压力过低报警灯

机油压力过低报警灯显示了发动机的机油压力状况，当发动机机油压力小于0.098MPa时，报警灯亮。

在启动开关接通，发动机未启动时，油压报警灯亮；在发动机运转时，灯熄灭。

在发动机正常运转时，如果发现机油压力报警灯亮，表示机油油压降到下限以下，应立即停车查找原因。

4）水温表

水温表显示发动机冷却液的温度，当水温表指针进入红色禁区，此时应立即停车查找原因。

5）机油压力表

机油压力表显示发动机的机油压力状况，当机油压力表指针进入红色禁区，此时应立即停车检查原因。

6）发动机转速计时表

发动机转速计时表安装在发动机油门操纵盒上，转速计时表除能显示发动机的每分钟转速外，还能显示发动机的使用时间；计时表的右端黑字表示0.1h。

(3) 液压油过滤显示装置

液压油过滤显示装置由滤油检测装置和报警灯组成,当滤油器进出油口的油压差超过0.35MPa时,便发出信号,报警灯亮,此时应立即停车检查原因或更换滤芯。

(4) 车灯控制装置

1) 作业灯开关

作业灯用于夜间摊铺作业照明,在作业灯开关拨到"开"的位置时,施工作业灯亮。

2) 转向灯开关

转向灯开关为摊铺行驶时的方向指示开关,当摊铺机左转弯时,将开关向左拨;当摊铺机右转弯时,将开关向右拨;在直线行驶时,开关处于中间位置。

当转向开关向左拨时,左转向指示灯显示摊铺机前左小灯和后左尾灯发出黄色断续闪烁转向信号。

当转向开关向右拨时,右转向指示灯显示摊铺机前右小灯和后右尾灯发出黄色断续闪烁转向信号。

3) 车灯开关

车灯开关控制摊铺机仪表灯、尾灯、前车灯和牌照灯。

车灯开关有三挡,每挡控制情况如下:

① "0"位置,关闭各灯。

② "Ⅰ"位置,远照灯、尾灯、牌照灯、仪表灯亮。

③ "Ⅱ"位置,近照灯、尾灯、牌照灯、仪表灯亮。

4) 夜间停车灯开关

夜间停车灯用于摊铺机夜间停留在公路上时,对其他车辆发出警告信号。

夜间停车灯不受电源开关的影响,电源总开关被切断时,不影响停车灯的工作。

在夜间停车开关接通时,摊铺机前部的两只前小灯和后部两只红色尾灯亮。

5) 喇叭按钮

喇叭按钮装在操纵台右侧板上,按按钮会鸣喇叭。

(5) 摊铺作业控制装置

1) 作业开关

作业开关是摊铺机液压系统电磁阀的电源开关,作业开关控制下列机构:熨平板升降、振动器、料斗开合、送料离合器、熨平板料门、熨平板伸缩和枢轴。

当需要操作液压元件时,应将此开关拨到"开"的位置。

注意:当摊铺机转移行驶时,务必将此开关拨到"关"的位置。

2) 熨平板提升开关

熨平板提升开关控制熨平板提升油缸。

当开关扳到"升"的位置时,熨平板提升油缸收缩,将熨平板提起,通过操作熨平板挂销,使熨平板挂在摊铺机机架上。

当开关处于"下"位置时,可使熨平板提升油缸伸长,熨平板下降。熨平板提升固定后,应将开关扳到中间位置。

注意:在摊铺作业时,熨平板开关应处于"下"的位置,此时,熨平板提升油缸的进出口均被接到回油口,提升油缸的位置可随熨平板的升降任意变化,熨平板处于浮动状态。

3) 振动器开关

振动器是熨平板的振动压实机构，在摊铺作业时，打开此开关，振动器即开始工作。振动器应在摊铺作业前启动，在摊铺作业停止后关闭，这样可减少摊铺面的熨平板痕迹。

4) 料斗开关

料斗开关控制料斗的"开"、"闭"状态。

在摊铺机转移行驶时务必将料斗合拢并用固定钩固定。

5) 枢轴开关

枢轴开关是控制找平大臂枢轴升降油缸的电源开关，当需要进行枢轴操作时，将此开关处于接通位置，然后利用熨平板左右控制盒上的枢轴升降开关进行枢轴升降调节，或利用自动找平装置对枢轴进行自动调节。

6) 送料开关

送料开关控制刮板输送料器和螺旋分料器的起停，左送料开关控制左侧板式送料器和左侧螺旋分料器的起停；右送料开关控制右侧板式送料器和右侧螺旋分料器的起停。

在倒车时，请将送料开关置于"关"位置。

7) 料门操作

旋转供料门上部的手柄（图3-3），变更料门开度，调节供料量。

手柄顺时针旋转、料门下降，减少送料器供料量；手柄逆时针旋转，料门上升，增加送料器供料量。料门的开度，由标杆显示，标杆一个刻度约为总开度的25%。

摊铺宽度在左右延伸相同情况下，应将左侧料门比右侧稍开大一些。

(6) 车辆行驶操作装置

1) 发动机油门操纵杆

操纵杆（图3-4）与发动机油门相连，扳动操纵杆调节油门开度，发动机由怠速到全速运转。

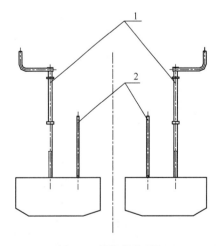

图3-3 料门操作手柄

1—料门调节手柄；2—料门开度显示杆

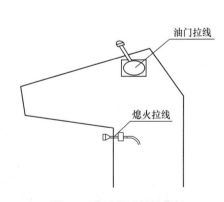

图3-4 发动机油门操作杆

2）发动机熄火拉线

熄火拉线向外拉出，发动机燃油被切断，发动机熄火，停止运转。待发动机完全停止后，再将熄火拉线推回原处。

3）变速杆

通过操纵变速杆，可以实现对主变速箱的换挡操作，主变速箱有前进5挡，后退1挡，可按如图3-5所示进行操作。变速手柄杆，可按左右驾驶座的需要而变换位置。

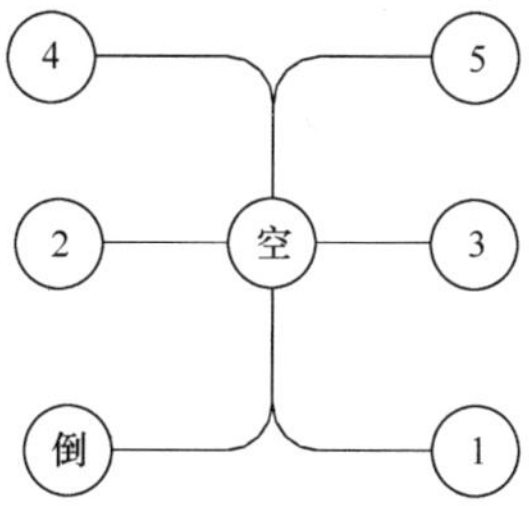

图 3-5 变速箱挡位图

4）离合器踏板

脚踏离合器踏板，使发动机与主变速箱之间的离合器分离。操纵变速箱变速杆及高低速变速杆时，必须先踏离合器踏板，使离合器处于分离状态，方可操作手柄进行挂挡。

离合器踏板位置如图3-6所示。不需踩踏板时，请不要将脚放在踏板上。

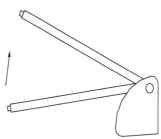

图 3-6 离合器踏板和制动器踏板图
1—离合器踏板；2—制动器踏板

图 3-7 手制动装置

5）制动

① 制动器踏板

制动器踏板位置如图3-6所示。脚踩制动器踏板，摊铺机即制动停车，踏板杠杆系统推制动总泵活塞，形成压力油，压力油经换向阀到蹄式制动器分泵，分泵活塞伸长推动制动蹄片，制动二级车轴、车轮停止转动。

② 停车制动

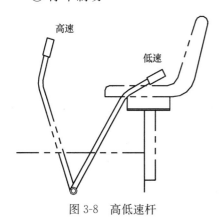

图 3-8 高低速杆

停车制动采用手制动装置。

手制动器的增力蹄式制动装置装在分动箱一轴左端，停机时驾驶员离开摊铺机，必须操纵手制动，拉起操纵杆（图3-7），实现停车制动。

发动机运转中，使用停车手制动，必须将变速杆放在空挡位置。

6）高低速杆

高低速杆（图3-8）控制分动箱滑移齿轮换挡，分动箱有低速、高速2挡，中间为空挡。低速挡为摊铺作业时使用、高速挡为行走转移时使用，分动箱换挡时,应先将送料器开关扳到"断"位置。

7) 转向装置

摊铺机转向装置采用负荷传感全液压转向器,实现全液压转向。发动机停止运转时,由方向盘转动转向器泵油到油缸,也同样可以实现转向。

8) 挂销操作

挂销是将熨平板挂起固定的装置,摊铺机停机或行驶时,均应操作挂销将熨平板挂起,并用固定环锁住。挂销操作机构如图 3-9 所示。

在挂熨平板时,先将熨平板提升开关置于"上"的位置,将熨平板提起,拉起挂销操作杆,并合上挂销固定环,再将熨平板升降至于"下"位置,使熨

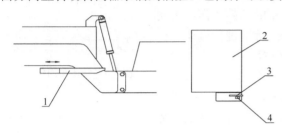

图 3-9 挂销操纵机构
1—挂销;2—发动机油门操纵箱;3—挂销操纵杆;
4—挂销固定环

平板搁在机架上,然后将熨平板升降开关置于中间位置。

在摊铺作业时,应使挂销缩回机架中。

在挂熨平板时,必须将大臂枢轴处于中间位置,枢轴指示应在标尺刻度中部。

(7) 熨平板操纵装置

1) 熨平板料门开关

在熨平板前侧的右半部,安装着两只料门,以及供熨平板延伸时安装的一只加宽料门,主要是控制右侧熨平板前的沥青料的滞留量,以保证熨平板受力平衡。熨平板料门是通过操作熨平板操纵盒上的料门开关进行调节。料门的开度由熨平板前侧的标尺来显示。如图 3-10 所示。

2) 熨平板伸缩开关

当摊铺宽度超过 2.5m 时,需将熨平板伸出,在熨平板的两端各有一只伸缩开关,操作伸缩开关,可以进行熨平板伸缩操作。

当摊铺宽度一定时,左右熨平板伸缩量应相同。注意防止螺旋分料器、熨平板料门和端板接触。

3) 枢轴升降开关

在熨平板左右操纵盒上各有一只枢轴升降开关,使用此开关,可以使枢轴升高或降低,调整摊铺路面的厚度。

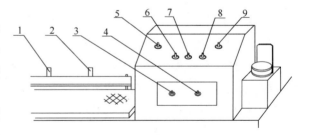

图 3-10 熨平板操作台和料门指示针
1—左料门标尺;2—右料门标尺;3—燃烧器主开关;
4—燃油阀开关;5—点火开关;6—左料门开关;
7—右料门开关;8—加宽料门开关;9—枢轴升降开关

在使用此开关时,应首先将主机操纵台上的枢轴开关接通。

4) 熨平板的点火加热

沥青摊铺机在摊铺前,必须首先将熨平板加热,尤其在天气较冷的季节和地区,熨平板加热一般需进行 20min 左右,使熨平板的底板温度加热到 100℃左右即可。

其操作方法如下:

① 点火操作

首先打开作业开关,然后分别操作左右操纵盒上的燃烧器主开关,使燃烧器的燃油泵和鼓风机启动。待 1min、2min 以后,打开燃油阀开关,同时扳动熨平板控制盒上部的点火开关,使加热装置点火。

一旦点火成功,立即松开点火开关,如一次未点着,可关掉燃油阀,稍隔一段时间再重新操作。燃烧器工作后应适当调节风门,使其燃烧正常,不冒黑烟。

② 熄火操作

熨平板停止加热时,首先关断燃油阀开关,让鼓风机继续工作 10min 左右,待燃油燃烧充分,燃烧器冷却后,再关断燃烧器主开关。

点火加热时,注意调节鼓风机风口的大小。进风口太大,燃烧器难以点火燃烧;进风口太小,燃烧将不充分。鼓风机风量调整板大约调整到关闭进风口 1/4 位置。

5) 拱度调节

调拱装置:在熨平板架中间有一可上下滑动的架,滑架上装导管球轴承,球轴承外壳上端的螺栓与熨平板架用螺母连接,调拱时旋转螺母,滑架上移便成拱状。

用拱度调节装置按照路面拱度设计要求来调整拱度,达到路面设计的拱度。拱度调节方法(图 3-11):

① 松锁紧螺母 2。
② 调节螺母 3。
③ 增加拱度,向右旋转螺母。
④ 减少拱度,向左旋转螺母。

当熨平板收缩时,一定要将拱度恢复为"0"方可收缩,以防止熨平板与横梁相碰。

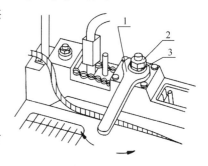

图 3-11 调拱装置
1—扳手;2—锁紧螺母;3—防松备母

6) 段差控制操作

段差是双排熨平板前后分置后出现的高程差,熨平板倾角 α 角越大,段差也越大,因此右侧熨平板应比左侧熨平板稍微高些。段差的大小,因摊铺厚度而变化,所以需要调节。

右延伸熨平板导管球轴承可通过球轴承外壳上的螺栓的旋转使球轴承带动导管上下移动,从而达到消除段差的目的。

段差调节装置在熨平板中间后部,中间为段差指示标牌和操纵手柄,右侧为调节螺栓(操作时中间手柄和右侧螺栓应同时相应调节)。

① 对出现如图 3-12(a)和图 3-12(b)形式的段差,调节方法为顺时针旋转操纵杆,段差指示刻度减小。

② 对出现如图 3-12(c)和图 3-12(d)形式的段差,调节方法为逆时针旋转操纵杆,段差指示刻度增加。

7) 摊铺厚度的调整

① 枢轴调整

摊铺厚度的调整可以使用枢轴升降开关对枢轴的位置进行调整,枢轴可以在上下 30cm 的范围内调节,其调节量与摊铺厚度基本上是 1:1 的关系,但是枢轴指示的刻度并不是摊铺厚度,出厂时已按一般表层混合料为基准,将枢轴控制的中点(枢轴刻度为 0

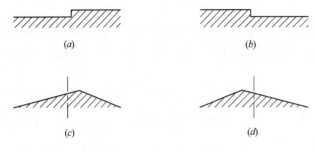

图 3-12 路面段差的四种情况
(a) 右侧摊铺厚度高于左侧；(b) 右侧摊铺厚度低于左侧；
(c) 摊铺中心向右偏；(d) 摊铺中心向左偏

处）调整为 5cm 摊铺厚度。如使用不同混合料时，枢轴刻度不尽相同。

② 粗调螺栓的调整

除枢轴调整外，还可以使用粗调螺栓对摊铺厚度进行调整。当摊铺厚度超过 15cm（使用自动找平装置时为 10cm），它已超过枢轴的调节范围，此时可利用粗调螺栓进行重新调节，其调节量和摊铺厚度的变化量大约是 1∶12 的关系。调整方法和顺序：

A. 加厚铺层操作

  a. 拧松螺母 D 和 A；

  b. 拧松螺母 B；

  c. 将螺母 C 逆时针旋转到需要量；

  d. 紧固所有松动的螺栓螺母。

B. 减薄铺层操作

  a. 拧松螺母 D 和 A；

  b. 拧松螺母 C；

  c. 将螺母 B 顺时针旋转到需要量；

  d. 紧固所有螺栓螺母。

当左右枢轴指针刻度不一致时，也可用以上方法调整粗调螺栓。例如，当测得在某一摊铺厚度时，左枢轴的指针刻度为 0，右枢轴的指针刻度为 6，则将右枢轴粗调螺栓按 6×1/12＝0.5cm 进行增加厚度调整。

二、摊铺机行驶操作

为了安全正确可靠运行，每日工作前应进行下列内容检查：

(1) 发动机的燃油、润滑油和工作液压油的油量、污蚀及漏油情况的检查。

(2) 所有润滑部位加足润滑油。

(3) 检查传动部件连接螺栓是否松动。

(4) 各传动皮带的张力（风扇、发动机、水泵）。

(5) 各链条张力（传动链、板链、履带）。

1. 发动机启动

(1) 接通电源开关。

(2) 脚踩离合器踏板，离合器分离。

(3) 变速杆及高低速杆置空挡位置。

(4) 作业开关扳在"关"的位置。

(5) 将钥匙插入预热启动开关中，向顺时针方向转动一挡，检查各仪表运转。

(6) 气温低时启动发动机，应将钥匙向左转动到第Ⅱ挡，预热发动机。待预热指示灯亮时，再启动发动机。

(7) 将钥匙向里按克服弹簧压力顺时针的方向转到Ⅲ挡，发动机开始启动。待发动机启动后，手离开钥匙，钥匙自动返回Ⅰ挡。

(8) 发动机启动时，油门操作杆先置怠速运转位置。

(9) 发动机启动后，进行5min怠速运转，检查发动机的运转状态及下列部位：

1) 发动机润滑油是否正常；
2) 发动机声音是否正常；
3) 排气颜色是否正常；
4) 各指示灯指示是否正常。

2. 发动机停止运转

(1) 作业开关置于"关"位置。
(2) 发动机油门的手柄置于怠速位置。
(3) 进行5min怠速运转，不允许在机器各部尚热的情况下急速停机。
(4) 操纵发动机熄火拉线，发动机停止运转后，熄火拉线复位。
(5) 取出启动开关钥匙。
(6) 切断电源开关。

3. 摊铺机行驶

(1) 发动机怠速运转，变速杆置空挡位置，高低速操纵杆置"高"速位置。
(2) 作业开关应扳到"关"的位置上。
(3) 料斗应处于合拢状态并用挂钩固定。
(4) 将手制动置于松闸状态。
(5) 上述操作完成后，踩离合器踏板，变速杆挂到1挡或2挡，摊铺机前进。

4. 摊铺机停止行驶

(1) 停车先踩离合器踏板，然后踩制动器踏板，车制动。
(2) 变速杆拉到空挡位置。
(3) 发动机5min怠速运转后操纵熄火拉线，发动机停转。
(4) 司机离开机器时，高低速杆手柄务必放在高或低挡，然后拉起手闸制动。
(5) 摊铺机停在坡道上，请用"△"形石块、木块塞入位于坡度下方的两个轮下面，防止车辆自然下滑。

三、摊铺作业操作

1. 液压回路预热运转

在摊铺工作前，需将液压回路进行预热运转。

发动机启动后，首先进行5min的怠速运转。在怠速运转中，油压管路内的液压滤油器可滤除管路内的异物。

在发动机5min的怠速运转后，进行液压回路的预热运转，特别在气温较低的时候，请进行充分预热运转。油温低会影响振动器转速。

请按下述方法进行预热运转：

(1) 发动机转速定在1000r/min以上。

(2) 启动振动器。

预热运转进行到油温升到30℃（用手触摸液压油箱略感温热）即可。

2. 摊铺准备

(1) 将熨平板宽度调整到铺路宽度。

(2) 在路基上放置摊铺厚度加辗压量（摊铺厚度的20%左右）的枕木，将熨平板轻轻放在枕木上。枕木放置方法如图3-13所示，两枕木间距为2.5m左右，两枕木的前端应对齐，否则开始摊铺时混合料会进不到熨平板下面，影响摊铺厚度。

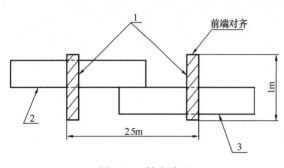

图 3-13　枕木放置
1—枕木；2—左熨平板；3—右熨平板

(3) 在料斗内侧、板式送料器、螺旋分料器、熨平板等部位喷轻油（柴油），防止粘料。

喷洒油与熨平板加热器用的燃油由燃油泵供给。喷洒轻油时，请打开左侧司机座下方的喷枪油阀，然后打开熨平板控制盒上的燃烧器主开关，油泵即向喷枪供油。

(4) 安装好熨平板端板和挡料板。

(5) 点着加热装置，加热熨平板。

(6) 转动料门手柄，调整给料料门开度。

(7) 打开熨平板料门。

(8) 根据摊铺厚度，调节枢轴位置。

(9) 安装好自动找平装置。

3. 摊铺作业前的操作

(1) 放下料斗，送料车与摊铺机轻缓相接，送料车斗翘起，沥青料缓缓卸入料斗内。

(2) 松开手制动。

(3) 根据选择的摊铺速度，操纵变速杆挂挡（1挡、2挡、3挡）。将高低速杆置于"空挡"位置。

(4) 将板式送料器开关扳到"开"位，送料离合器接合，摊铺机开始送料。

(5) 待螺旋分料器输入适量沥青混合料后，踩下离合器，将高低速杆置于"低速"挡。

(6) 将振动装置开关扳到"开"位，启动振动器。

(7) 渐渐松开离合器踏板，摊铺作业开始。

4. 摊铺作业中注意事项

(1) 运料翻斗车向摊铺机卸料，应避免强烈碰撞。

(2) 卸料时，不要将沥青料急速地倾卸到料斗，应缓缓卸料。

(3) 摊铺开始后，翻斗车向料斗卸料，应在料斗未空之前，从而保持送料均匀性和连续性。

(4) 摊铺作业中，不允许变更摊铺速度，中途变更速度，会使摊铺厚度发生变化，影响路面平整性。

(5) 混合料从料斗挡板溢流到轮胎前面时,应迅速清除。

(6) 摊铺机在初次施工时,需确认枢轴刻度指示值与摊铺厚度的对应关系。试摊铺时,摊铺厚度要在摊铺 10~15m 以后才能逐渐稳定,此时,操作人员应定期检查和调整摊铺厚度,并使用枢轴升降开关对厚度进行调整。待厚度稳定以后,再检查枢轴的位置。如枢轴位置不合适,或左右枢轴指示值不同时,请用粗调整螺栓进行调整。

(7) 摊铺机在启动时,由于混合料和摊铺机的温度低,厚度有变薄的倾向,请预先将枢轴提高 1~2cm,启动后用深度尺逐步检测并调整,直到厚度达到要求为止。

(8) 摊铺 2~3m 后,检查一下右熨平板前混合料的滞留量。参见熨平板料门开度的选择,调整熨平板料门。

(9) 摊铺作业中急转向,会影响路面平整性,在转向处,摊铺厚度应缓慢地进行调整。

(10) 摊铺中使用自动找平装置时,严禁使用枢轴升降开关来调节枢轴高度,应调节自动找平装置对厚度进行调节,如果摊铺中没有使用自动找平,则应根据铺设厚度随时调整枢轴高度,需要注意的是枢轴刻度调整后,需摊铺 2~3m 后,才显示调整结果。因此,不应频繁调节枢轴高度。每次调节不能超过 1 个刻度(小于 1cm/次),当摊铺厚度达到要求后应尽量不调节枢轴。

(11) 在摊铺后,应根据送料量和送料器运转情况调整供料门开度。一般来说,合适的料门开度以螺旋分料器和板式送料器运转时间约为摊铺作业时间的 80%~90% 为最佳。

(12) 摊铺作业过程中,注意螺旋分料器中的沥青混合料量,按铺料堆积量控制送料器的开关。

(13) 两条毗邻摊铺带的纵向接缝需要重叠 30~50mm,但不可重叠过多。

(14) 沥青混合料供应不上时,应暂时停止摊铺作业,离合器应分离,并制动,将高低速杆放在空挡上,待料供到螺旋叶片上端,继续摊铺作业。

(15) 暂时离开驾驶席时,必须挂上手制动。

5. 摊铺机的清扫

施工作业结束,在沥青混合料未凝固前,为防止机内沥青混凝土凝固附着在机械上,请按表 3-1 各项喷洒轻油,清扫各部(此时发动机转速为 1200r/min 以上)。

摊铺机清扫　　　　　　表 3-1

清扫部位		清扫要领
送料推辊		清扫至顺利转动为止
*料斗内		粘附的混合料被清扫掉为止
*料门活动部位		顺利上下活动为止
*送料器挡板		料门全开,用刮板等物刮掉板上面及通道侧面的混合料
车体		合拢料斗,清除粘在机体上的混合料
供料器驱动轮		边运转链轮,边进行清除
螺旋送料器		螺旋主体、叶片、侧支架端部、特别是轴承部位,均要认真清除
滑轮链		边运转送料器,边洒轻油
车轮四周		清除掉轮胎外面四周部位上粘着的混合料
后轮驱动链条		清除掉粘在驱动链条上的混合料,涂上润滑油
熨平板四周	振动器	清除导流板、熨平板底板四周和下面的混合料,喷洒轻油
	导管	每天用浸油布将导管擦干净

注:标有 * 记号的项目,在清扫过程中,不能开动送料器,以上清洗工作在每次作业后进行。

粘着的混合料如不及时清除，凝固后很难除掉，且会在以后的摊铺作业时，将安全销折断，这是路面质量低劣的主要原因。

四、摊铺机使用参数选择

1. 生产率计算

沥青摊铺机的生产率是指每小时所需摊铺混合料的重量（吨数），公式如下：

$$Q = 60TWV\rho \tag{3-1}$$

式中　Q——生产能力（t/h）；

　　　T——摊铺厚度（m）；

　　　W——摊铺宽度（m）；

　　　V——摊铺速度（m/min）；

　　　ρ——混合料密度，一般 $\rho=2t/m^3$。

某厂家摊铺机，其最大生产能力为220t/h，额定生产能力为170t/h，摊铺速度、宽度、厚度应在额定生产率范围内选择。

2. 摊铺宽度的选择

根据路面的总宽和摊铺机可铺宽度，确定摊铺宽度。

某厂家摊铺机摊铺宽度可以在2.5～4.5m间任意选择，当延伸熨平板时，应根据延伸情况选用不同长度的螺旋延伸器，螺旋延伸器选用与铺宽的关系见表3-2。

螺旋延伸器选用与铺宽的关系　　　　表3-2

左延伸螺旋器	熨平板	右延伸螺旋器
不延伸	2.5m	不延伸
不延伸	2.75m	不延伸
不延伸	3m	不延伸
加 0.25m	3.25m	不延伸
加 0.25m	3.5m	加 0.25m
换 0.5m	3.75m	加 0.25m
换 0.5m	4m	换 0.5m
再加 0.25m	4.25m	换 0.5m
再加 0.25m	4.5m	再加 0.25m

注：螺旋延伸器为整机附件，左、右螺旋器分别配置了0.5m和0.25m各一个。

3. 摊铺厚度的确定

摊铺厚度一般根据路面施工设计要求，在机械性能范围内任意选择，如2LTLZ45E型摊铺机摊铺厚度可以在10～250mm中选择，最大摊铺厚度、宽度和摊铺速度之间大致关系如图3-14所示。

厚度和宽度的选择应考虑摊铺的路基状况，在过于松软的路基或碎石上进行摊铺作业时，可适当地减少摊铺阻力，也就是减少摊铺宽度或厚度。

4. 摊铺速度的选择

选用摊铺机的摊铺速度，应充分考虑沥青混合料的供给量，如果摊铺速度慢，而供料量多，翻斗运料车会出现停滞现象，这样会降低作业效率，降低混合料的温度。如摊铺速度过快，待料时间增加，对施工路面的平整性会带来不利影响。

作为理想选择，应根据供料情况，按摊铺机的运转时间100%进行选择，这样就能减少因摊铺机暂停所产生的路面不平、路面断裂现象，容易得到良好的摊铺路面。有时，为了得到良好的摊铺路面，也可以牺牲作业效率，降低摊铺速度。

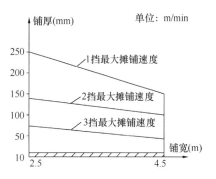

图 3-14 最大摊铺厚度、宽度和摊铺速度之间大致关系

从混合料进料量可计算出摊铺机摊铺速度计算公式（由生产率计算式导出）：

$$V = \frac{Q}{120WT} \tag{3-2}$$

式中 Q——沥青混合料进料量（t/h）；
　　　W——摊铺宽度（m）；
　　　T——摊铺厚度（m）；
　　　V——摊铺速度（m/min）。

施工时选择摊铺速度请参照上式，并综合考虑混合料的种类（粗粒料速度可略快，细粒料速度可略慢）和摊铺类型（下层可稍快、上层稍慢）。

摊铺速度在性能参数表数值以外时，可以按照表3-3变更发动机转速。但发动机转速降低后，会造成发动机转速不稳定，使摊铺机运行速度不稳定，从而降低路面平整度。

发动机转速变更时，摊铺速度和功率参数　　表 3-3

项　目 \ 发动机转速（r/min）	2000	1800	1600
1挡（m/min）	3.01	2.71	2.41
2挡（m/min）	5.10	4.59	4.08
3挡（m/min）	8.97	8.07	7.18
板式送料器速度（m/min）	11.6~34.5	10.4~31.0	9.3~27.6
螺旋分料器转速（r/min）	49~146	44~131	39~117
发动机功率（kW）	55	50	44

注：实际使用中，一般推荐根据供料情况和摊铺厚度选用1挡（3.01m/min）和2挡（5.10m/min）较为合适。

5. 供料门开度计算

供料门开度直接控制板式送料器的送料量。

在摊铺作业中，能够使板式送料器和螺旋分料器处于连续均匀工作状态，是达到摊铺最佳效果的重要因素。然而，送料器由于某些原因会造成部分送料量不足，因此，必须使供料量略大于摊铺用料量。应合理地调节料门开度，使送料器的运转为摊铺时间的80%~90%为最佳。

6. 熨平板料门开度的选择

熨平板料门控制右延伸熨平板前混合料的滞留量，使熨平板整体的受力保持平衡。一般熨平板有三个料门：左料门、右料门以及供熨平板延伸时使用的加宽料门。各自通过熨平板右侧控制盒上的开关操纵油缸进行单独操作。

料门的开度是以右延伸熨平板前混合料滞留量的多少进行估算的，请根据图3-15所表示的混合料滞留量来调节料门。

料门的开度是使用料门上侧的指针来指示的，根据经验一般左门的指针刻度在"2"，右门的指针刻度在"1"时，积料量适当。

摊铺宽度在4m以上时，请使用加宽料门，同时也要使用加宽螺旋。

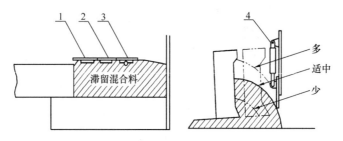

图3-15　熨平板料门调节
1—左料门；2—右料门；3—延伸料门；4—料门油缸

7. 振动器参数的选择和调节

振动器的参数主要是频率（转速）和振幅。频率和振幅关系到铺层的密实度，应根据铺厚、铺速、混合料品种等多种因素来选择。

（1）振动频率的选择与调整

操纵单向可调节流阀控制串联振动器马达入口的流量，达到调整振动器转速的目的。

振动器的标准振动频率为37Hz，当摊铺速度慢、摊铺厚度薄时，可调整到25～33Hz；当摊铺速度快、摊铺厚度厚时，振动频率可增加到42～50Hz。

（2）振动幅度的选择和调整

振动幅度调节通过调整偏心块（平衡块）来实现，振动器偏心位置如图3-16所示。

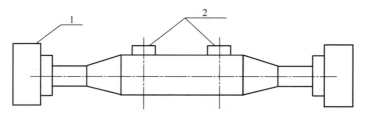

图3-16　振动器偏心位置
1—液压马达；2—偏心块

振幅分"弱"、"中"、"强"三种。

1）调整原则：①摊铺厚度较薄：选择"弱"。②一般表层：选择"中"（出厂时）。③摊铺厚度较厚：选择"强"（摊铺厚度5cm以上）。

2）调整方法：①"弱"：厚型平衡块安装在两块薄型平衡块的相反侧。②"中"：厚型平衡块和一片薄型平衡块安装在另一片薄型平衡块的相反侧。③"强"：厚型平衡块和两片薄型平衡块安装在同一侧。

调整时左右熨平板振动器上的四套平衡块必须处于同一状态。

第三节 摊铺机工作前调试

一、熨平板加宽时要注意的事项

（1）先准备若干大小合适的硬质垫木，尺寸以 80mm×80mm×480mm 为宜，数量应满足安装需要。

（2）将熨平板伸缩或机械加宽至需要的工作宽度，可以左右交替地加接加长节，但应尽可能地使左右两边熨平板的宽度相等，以维持熨平板受力均衡。

（3）熨平板加宽后的总宽度应略小于摊铺宽度 20～30cm，以便摊铺机行驶操作。

（4）机械加宽熨平板的基本熨平板和加长熨平板上的振动器相位必须相同。

（5）在摊铺大厚度、大宽度的路面时，由于摊铺阻力很大，要在工作时辅助以侧拉紧机构，将熨平板向前拉紧，保证摊铺质量，防止熨平板损坏。

（6）注意调节前挡板刮板与前夯锤锤头之间的间隙。可通过拉紧器和顶杆螺栓来做调整。应保证夯锤和夯锤挡板间的间隙为 0.3～0.5mm。

二、熨平板预拱度的调节

摊铺全幅路面一般需要先设定摊铺机熨平板的拱度。将熨平板落地，调节水平撑杆，然后提起熨平板，用细线测量熨平板后沿全宽度上的拱度，使其拱度值在设计值之间。

三、熨平板初始仰角的调整

对于某种结构的熨平板，在一定的摊铺状态下，即在不同的摊铺速度、振捣频率、振幅、物料种类、物料温度、摊铺厚度的情况下，都对应着一个熨平板仰角。在每次开始摊铺之前，应该先调整熨平板初始仰角。

调节熨平板仰角时必须左右协调调节，防止造成熨平板的扭转损坏。

调整牵引点的高低位置时，应注意左右协调，两边的高差不得大于 7.5cm，否则将造成熨平板的损坏。

液压伸缩熨平板相对基本熨平板的高度差应与仰角的调整同时进行。初始仰角调整完后，伸缩熨平板后沿与基本熨平板后沿标高都应达到各自位置处的松铺层表面标高。

四、螺旋布料器的高度调节

为了适应不同摊铺厚度的需要，摊铺前还应调整螺旋布料器离地高度，使其达到合适的值。摊铺厚度越大，离地高度越高。通过螺旋布料器的高度调整，可使熨平板前的材料量与摊铺层厚度相匹配。在摊铺较薄铺层时，布料器的高度调整尤其重要。此时将布料器的高度置于最低位置，熨平板前材料量较少，因此作用于熨平板上的剪切阻力也最小，从而改善摊铺机的牵引性能。

通常只能在布料器未加长时先对螺旋布料器的高度进行调节，然后再加长。松开螺旋链条箱和机架的安装螺栓，通过调节螺旋链条箱体上部的螺柱将布料器调定在要求的高度，调完后拧紧所有的固定螺栓。摊铺机出厂时，布料器高度均设定在适合大多数使用要求的高位。

五、夯实振动系统的调整

不论是单夯锤或双夯锤，单振动器还是双振动器，在摊铺作业前都应该根据不同的工况和摊铺物料，对夯锤和振动器进行调整。这样才能取得最佳的密实度和平整度。

六、夯锤冲程的选择和调节

以摊铺机前进方向为前，一般前夯锤的冲程为 0-3-6-9-10-12mm 六挡有级可调；后夯锤为 5mm 固定不可调或 3-4-5-7-8-9mm 六挡有级可调。根据摊铺厚度、摊铺材料和密实度要求选择夯锤的冲程。

根据经验，摊铺面层为大粒径骨料时使用大振幅，摊铺面层为小粒径骨料时采用小振幅。大振幅采用低频，小振幅采用高频。薄层摊铺采用低频，厚层摊铺采用高频。摊铺沥青拌和料采用低频，摊铺稳定土采用高频。

在调整夯锤冲程时应注意以下的问题：每次调节两侧偏心套上的冲程值相差不得超过两个刻度，否则会造成轴承的损坏。各节熨平板前夯锤冲程必须相同，否则会影响摊铺质量。

七、夯锤下止点的调节

在摊铺作业前还应检查夯锤下止点是否正确。有两点要注意：首先，在同一个熨平板上的两个螺杆应该交替进行调节，否则会造成轴承的损坏；其次，各节熨平板夯锤冲头下止点高度必须相同，否则会影响摊铺质量。

八、找平系统的设置

摊铺机的找平系统一般为两纵一横，即两个纵坡传感器、一个横坡传感器。这两纵一横传感器的调整和设置直接影响到摊铺路面的平整度。纵坡横坡传感器必须有相应的基准，且应在摊铺作业前确定和设置。

摊铺基准的设置，一般是指纵向参照基准，可分为线基准和面基准，形式可以是按纵向坡度要求架设并张紧的钢丝绳、摊铺好的路面等。一般采用线基准，线基准属于固定基准，是绝对基准，它平行于路面设计标高。

纵坡传感器的调试：（1）调整滑杆平衡，使滑杆处于水平方向下 30°；（2）接通纵坡传感器电源，将调平器灵敏度打到"5"，阀开关打到"standby"；（3）旋转安装支架上的调节手柄，直到调平器上的两个指示灯不亮（调平器回零位），再调节控制器臂上的小重锤，使控制器臂上的滑杆压在基准（绳）上；（4）把阀开关打开（ON），将控制器的输出端和相应的电磁阀连接起来；（5）顺时针方向调节灵敏度旋钮，直到液压系统开始振动，然后再逆时针方向操作旋钮，直到液压系统静止。

摊铺机在摊铺沥青拌和料时，往往需要对熨平板进行预热，这样可以减少熨平板和沥青拌和料的温差，防止沥青粘附在熨平板底板上而影响摊铺质量，还可以加热夯锤锤头，使之与熨平板耐磨镶条之间的粘结沥青熔稀,减小夯锤的启动负荷。

在摊铺作业前将熨平板落在垫木或平整的地面点燃加热系统,使熨平板预热30min左右。也可以将熨平板落在刚刚卸车的沥青拌和料上,使熨平板底板温度达到100℃即可。

当环境温度很低,液压油的温度降到10℃以下时,在启动摊铺机进入正式工作状态之前,必须关闭掉所有的液压执行元件(油缸、液压马达等),让柴油机在中速状态空转5min,将液压油提升到足够的温度,以避免在吸油管路部分产生气蚀现象。油温升高后,液压系统即可在柴油机的全速满负荷状态下工作。

第四节 维护保养

一、基本机械维修保养

摊铺机由许多零部件组成。如果某部分发生故障,部分功能被损坏,整机性能就不能满足和充分发挥。因此,摊铺机司机及管理人员应防止在施工作业中发生故障和损坏事故。若想延长机械的寿命,日常的检查维护是非常重要的,请用户定期进行。

1. 供油

应按加油图所示定期加油,如图3-17所示。注油量及更换时间见表3-4,油料种类牌号见表3-5。

油脂用量及更换时间表　　表3-4

油 脂	使用量（L）	定 期 更 换	
		初次（h）	正常（h）
燃料	150	—	—
液压油	100	50	1000
发动机油	12	60	120
变速箱油	6	—	1000
分动箱油	26	—	1000
制动油	0.5		每年

油料种类牌号　　表3-5

油料种类	油类代号	油类标准
柴油	0号柴油 10号柴油	《普通柴油》GB 252—2015
机油	CD-40	兰炼标准
齿轮油	18号双曲线齿轮油 GL-4齿轮油	Q/SHL 41-77 企标
制动油	3号醇刹 全刹	重庆4603号
液压油	抗磨液压油 YB-N68	

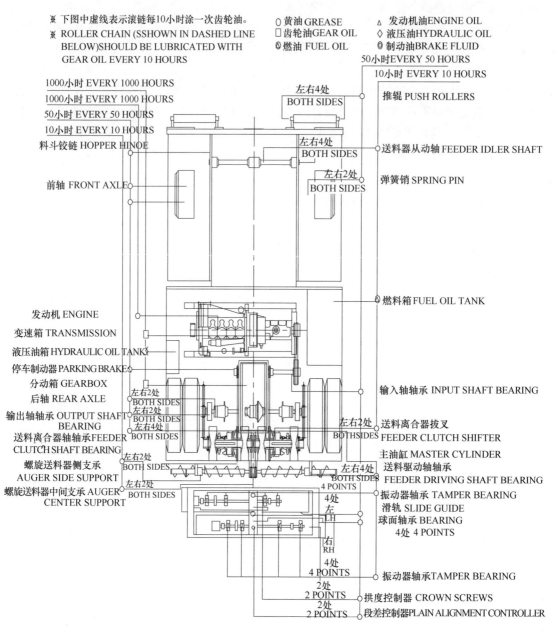

图 3-17 加油图

发动机各部加油,请参照发动机使用说明书。

(1) 润滑油加注

加润滑油时间按加油图,如图 3-17 所示,分 10h、50h,1000h 三种。加油部位在"加油图"中以图形表示,加油部位用红色油漆显示,请务必定期加油。

1) 推辊:左右 4 处,每 50h 加油 1 次。

2) 料斗铰链:左右 4 处,每 50h 加油 1 次。

3) 送料板链从动轴:左右 4 处,每 10h 加油 1 次。

4）前轮：前轴左右2处，主销左右2处，每50h加油1次。

5）分动箱：输入轴轴承、停车制动轴承、输出轴轴承（左右2处），每50h加油1次。

6）后轮：车轴左右2处，每50h加油1次。

7）送料离合器轴承：左右4处，每50h加油1次。

8）送料离合器拨叉：左右2处，每100h加油1次。

9）送料器驱动轴承：左右4处，每10h加油1次。

10）螺旋送料器：螺旋侧支架左右2处、螺旋中间支架左右2处，每10h加油1次。

11）熨平板加油

① 段差控制（左右2处）、拱度控制（前后2处），每50h加油1次。

② 振动器轴承（左右4处），每50h加油1次。

③ 导管球轴承（左右熨平板4处），每50h加油1次。

（2）液压油

液压油在第1次使用时，500h更换1次，主要针对机器初次磨损，以后按每1000h换油，保持液压油性能。

油从油箱上面注油口加入，通过液压回路运动，使油充满管路和油缸，加注油面到油位指示器的中部。

换油时注意环境清洁，不要混入灰尘和污物。

油箱下部装有排油塞，放油时将塞旋下即可。

（3）分动箱（副变速箱，高低速换挡）油

向分动箱加润滑油时，先将踏板打开，然后把箱盖上的加油塞（兼作油标）卸下，注齿轮油，注油量看油标尺浸油高度。

放油在分动箱左侧，拧卸油塞放油。

（4）变速箱油

卸下踏板，拧开变速箱注油孔油塞加注齿轮油，直到油溢出为止，再拧紧油塞。放油时，卸下面的油塞放油。

（5）制动油

每次使用前检查驾驶席下部油罐中油是否充足，油在下限位置请补充，并检查管路中是否有漏油、漏气的地方，如有修复后再行车。补充油必须使用同一型号的油，若制动油用错，则在相互作用下会发生变质、不能保持原性能。

（6）各滚子链润滑

各滚子链每10h应涂1次润滑油。

工作前务必检查各滚子链是否缺油，链条在供油不足情况下使用，滚子链的寿命会缩短，促使断裂。

（7）水箱

冬季，发动机水箱中要加入防冻液（按《摊铺机使用保养说明书》中的要求加入）或者把水箱中的水放掉，以防水箱冻裂。

2. 发动机润滑油排泄及过滤器更换

（1）发动机排油

在发动机底部有一排油管，排油管端油塞卸下排油。

（2）发动机滤油器更换

从料斗内观察，有一块 4 个螺钉固定的盖子，卸下盖子，可以更换过滤器芯。更换时，左侧料门开。如图 3-18 所示。

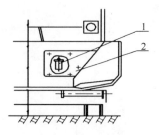

图 3-18　发动机滤油器

1—滤油嘴；2—盖

3. 行车制动器调整

在分动箱左右两侧的半轴和半轴套上，装有 2 只行车制动器（图 3-19），制动器在出厂前已调整好，但随着制动蹄片的磨损，制动器需随之调整。

（1）制动蹄摩擦片磨损极限

制动摩擦片（图 3-20）铆钉头部与摩擦片表面间的尺寸≥1mm 时，请更换摩擦片。

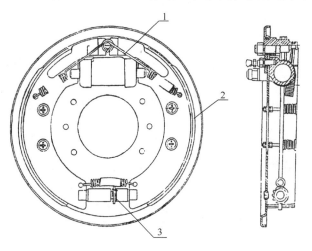

图 3-19　行车制动器

1—制动分泵；2—摩擦片；3—调节螺栓

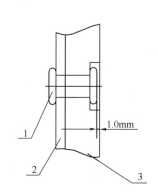

图 3-20　制动蹄摩擦片磨损极限

1—铆钉；2—蹄；3—摩擦片

由于制动接触不良造成的磨损不均，以及当摩擦片粘上油渍、发热粘着时，都应更换摩擦片。

（2）制动鼓与制动摩擦片间隙调整

通过调节制动器总成里的调节螺栓，调整间隙。调整后试一下车，制动时不应有异常响声和发热现象，并能顺利制动。

4. 制动泵油和离合器泵油的更换

主离合器泵和制动泵油应每年更换，更换时，旧油全部排掉，并进行清洗（用新油清洗），然后加注新油。换油后，必须充分进行排气。

在两只行车制动器的制动分泵上和主离合器分泵的前上方均装有放气螺塞，加油或换油时，可将回路中气体放出。具体放气方法如下：

（1）放松放气螺塞，踏下脚踏板，油空气从放气孔中排出。

（2）拧紧放气螺塞，松开脚踏板。

（3）如此反复，直到油管中空气排尽为止。

(4) 最后边踏下脚踏板,边拧紧放气螺塞。

(5) 排气结束后,向油罐内加满制动油。

(6) 最后进行 2~3min 制动操作,检查是否漏油,漏油应及时处理。

5. 板链调节

板式送料器的板链应有适当的张力,若张力过大,则链轮部位会发生异常响声。因此,注意调节左右两侧的调整架使板链张力适中均匀。

一般在摊铺机的前部装有 4 只调整螺栓,如图 3-21 所示的 A、B 部,旋转 A、B 部的螺栓可调节板链的张力。

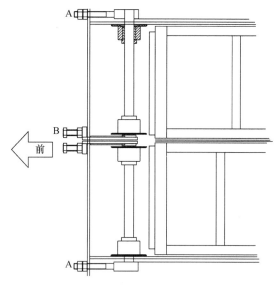

图 3-21 板链调节螺栓

旋转调整螺栓,使板链的下部与车架的下沿保持一致,如图 3-22 所示。在送料器开动时,板链会上下摆动,摆动幅度低于车架一块板链的宽度。

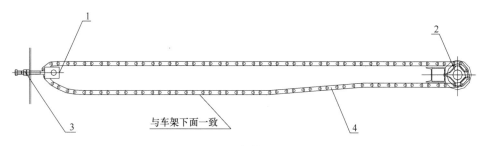

图 3-22 板链的调整
1—从动轮;2—主动轮;3—张紧调整螺栓;4—板链

6. 传动滚子链调整

(1) 分动箱输入链条(图 3-23)

调整步骤:

1) 拧松螺栓。

2) 调整张紧轮位置,使链条左右摆动的间距为 5mm。

3) 拧紧固定螺栓。

(2) 送料离合器传动链条(图 3-24)

调整步骤:

1) 拧松调整块螺栓。

2) 调整调整块的位置,使链条下部上下按动摆动间距为 10mm。

3) 调整后重新拧紧螺栓。

(3) 后车轮驱动链条(图 3-25)

调整步骤:

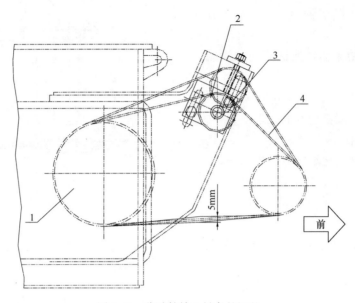

图 3-23 分动箱输入链条的调整
1—分动箱输入链条；2—张紧轮；3—螺栓螺母；4—链条

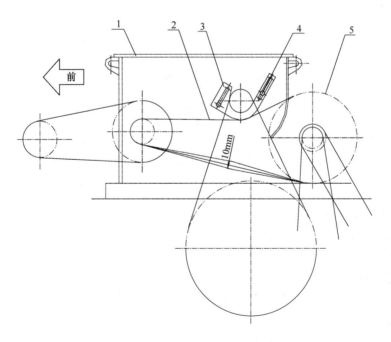

图 3-24 送料离合器传动链条的调整
1—分动箱；2—链条；3—调整块；4—螺栓；5—送料离合器链轮

1) 松开固定螺母。
2) 转动松紧螺栓，张紧链轮臂转动，使链轮张紧链条。
3) 拧紧固定螺母。
(4) 板式送料器驱动链条（图 3-26）

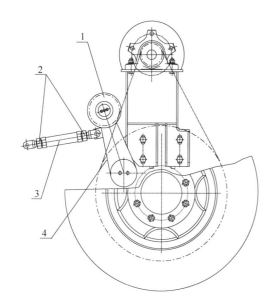

图 3-25 后车轮驱动链条的调整
1—张紧轮；2—固定螺母；3—松紧螺母；4—张紧臂

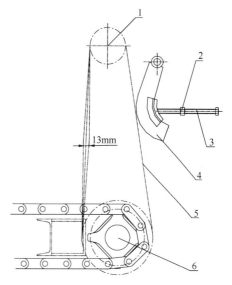

图 3-26 板式送料器驱动链条的调整
1—送料离合器轴；2—固定螺母；3—调整螺栓；4—压紧块；5—链条；6—驱动轴

调整步骤：

1) 松开固定螺母。

2) 旋转调整螺栓，调整压紧块，使链条前部摆动间距为 13mm。

3) 调整后，拧紧固定螺母。

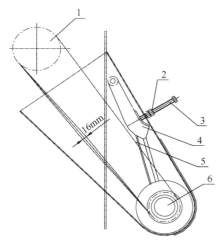

图 3-27 螺旋分料器驱动链条的调整
1—送料离合器轴；2—固定螺母；3—调整螺栓；4—张紧块；5—链条；6—螺旋器轴

(5) 螺旋送料器驱动链条（图 3-27）

调整步骤：

1) 松开固定螺母。

2) 旋转调整螺栓，压紧调整张紧块，使链条前部摆动间距为 16mm。

3) 调整后，拧紧固定螺母。

(6) 送料离合器和安全销的调整与维护

送料离合器和安全销装在送料离合器轴上，当挂上离合器后，刮板送料器、螺旋分料器运行不良产生打滑时，应调整离合器。

调整时应注意，如熨平板前面积料过多，离合器调的过紧，会造成安全销断裂。安全销会断裂，是因为负荷超过了输送的能力。

7. 送料离合器

(1) 送料离合器的调整

当离合器滑动，送不了混合料时，应如下调节离合器：

1) 固定销按箭头方向拨出，并旋转 1/4 圈，固定销呈拨出状态。

2) 调整圈向右顺时针方向旋转,向前进2个压板孔。
3) 固定销返回原来位置,插入压紧板孔固定好。

离合器调整后,送料离合器操纵系统中拉杆位置会改变,因此,应调整离合器操纵杆臂长度。

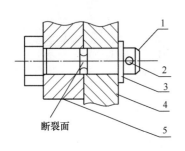

图 3-28 安全销装配
1—安全销;2—开口销;3—平垫圈;
4—链轮;5—连接法兰

(2) 安全销更换

安全销是为了防止送料器负荷过大、保护机械结构而设置的,如图3-28所示。安全销断裂,说明送料器承受负荷过大,应查找原因,并进行排除。

1) 安全销断裂原因

① 离合器啮合过紧

拔出离合器的固定销,调整圈退1～2个压板孔(向松开的方向调)。

② 混合料过多

清除熨平板前堆积的沥青混合料,直到能看到螺旋叶片上部为止。

2) 安全销更换步骤

① 拆下断裂的安全销。

② 将链轮与法兰盘的对合印对准。

③ 新安全销上涂润滑油,从法兰盘侧面插入,安全销在法兰盘上180°对称分布。

④ 安全销上装垫圈和开口销。如使用薄垫圈以及小直径开口销,会增大间隙,造成断裂前的裂痕。

(3) 安全销部位的保养、维护

1) 安全销必须使用合格品,绝对禁止使用螺栓、圆销代替。

2) 每年卸下1次圈环、安全销,在链轮与法兰盘结合处(包括安全销断裂时)薄薄涂上一层润滑油。

保养后,装上圈环,用手轻轻转动链轮,再在安全销上涂上薄薄一层润滑油,然后装起来。

3) 在安全销断裂后,除检查驱动部分是否有异常现象外,还应检查滚子链拉长程度,如发现明显拉长,链条应全部更换。

(4) 链条的更换

链条发生断裂,应全部更换新的,在摊铺现场断裂可应急处理(卸下断节,重新连接)。

计算链条的最大负荷时的安全系数为2.5,一旦超负荷,其强度降到原来的30%～40%,故发生伸长、断裂的链条,应予更换。

二、柴油机的维护与保养

此章节只针对柴油机的日常维护保养简作陈述,使用超过500h或6个月时更细致周到的维护保养内容须参考随机附带的《柴油机排除故障与维修手册》一书。

1. 柴油

警告：不准任何物质与柴油混合使用，这种混合会损坏发动机或引起爆燃。

柴油机使用的柴油质量指标应不低于《普通柴油》GB 252—2015 中轻柴油标准规定，根据使用地点，柴油的凝点至少要比柴油机使用时最低环境温度低 10℃，以保证其必要的流动性。建议用户购买正规厂商的合格产品。

由于燃油系统零件尺寸精密，配合间隙小，故保持柴油清洁和清除柴油中的杂质和水分十分重要，因为在燃油系统中存在水和杂质会造成喷油泵和喷嘴的严重损坏。因此，使用前柴油须经足够时间的沉淀处理，或用绸布进行过滤。

2. 每日保养内容

摊铺机属户外施工设备，工作环境恶劣，柴油机须进行每日预防性保养，在启动之前，检查机油和冷却液面，需寻找可能出现的泄漏、松动或损坏的零件、磨损或损坏的胶带以及柴油机出现的任何变化。

（1）检查机油油面

检查油面高度需在柴油机停车（至少 5min）后进行，使机油有充分的时间流回油底壳。油面须介于油尺"L"（低油面）记号和"H"（高油面）记号间，方可启动柴油机。油尺低位至高位（"L"至"H"）的油量差约为 3.8L。机油液面高度在高低油位范围外时绝不允许开动柴油机。

（2）检查冷却液面

观察操纵台上的水温仪表盘温度，需在温度显示低于 50℃ 时，慢慢地拧开加水口盖以使冷却系统逐渐减压，打开散热器的加水口盖检查冷却液面高度。

警告：如柴油机内冷却液温度高于 50℃ 时，违规拧开散热器加水口盖，带压力的高温水和蒸气会喷出伤人！

注入柴油机的冷却液应是由防冻液＋DCA4 化学添加剂或水＋DCA4 化学添加剂，发动机出厂时 DCA4 化学添加剂已添加在水滤器中，只需做好水滤器的保养即可，建议使用正规厂家的产品。

警告：若冷却液中不加 DCA4 添加剂，会损坏冷却系统，进而造成发动机严重故障！

冷却液注入冷却系统应注满至水箱散热器加水口为止。注入冷却液时，应打开进气中冷器上的放气阀，以排除冷却液道中的空气。必须慢慢地灌注冷却液以防止产生气阻，须等 2～3min 以便让空气能充分地排出。

（3）排除燃油-水分离器中的水和沉淀物

应每天排除燃油-水分离器中的水和沉淀物。打开燃油-水分离器或燃油滤清器底部阀门，排除水和沉淀物，直到清洁的燃油流出为止，然后再关紧阀门。如图 3-29 所示。

注意：若排出的沉淀物过多，应更换燃油-水分离器以免影响柴油机顺利启动。

3. 每隔 250h 或 3 个月的保养内容

在完成日常保养的基础上，再增加下列保养项目：

（1）更换机油和机油滤清器

柴油机使用后机油将变脏，同时机油添加剂减少，因

图 3-29 排除水和沉淀物示意图

此需定时更换机油和机油滤清器以清除悬浮在机油中的污染物。

注意：即使柴油机正在使用中，无论如何也不能将机油更换周期延长超过250h或者3个月。

1) 更换机油

应在机油是热的和污染物在悬浮状态时放油。柴油机运转至水温达到60℃时停车，拆下放油螺塞。检查和清洁放油螺塞螺纹和密封表面，安装放油螺塞并拧紧，如图3-30所示。用清洁的机油注入柴油机至合适的油面高度，润滑系统容量约24L。

2) 更换机油滤清器

清除机油滤清器座四周脏物，拆下旋装式机油滤清器，清洗滤清器座O形圈密封表面。

注意：若O形密封圈贴在滤清器座密封表面上，务必将之取下。装机油滤清器前，应先用清洁的机油注满其内腔。并在密封圈密封表面上涂一薄层干净的机油，如图3-31所示。

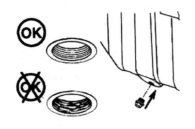

图3-30 放油螺塞

按机油滤清器制造厂的说明安装机油滤清器。注意滤清器拧得过紧会引起螺纹变形或使密封圈损坏。

启动柴油机在怠速运行，检查机油滤清器和放油螺塞处是否漏油，如图3-32所示。停车约等15min让机油从上部零件流下，再检查油面高度。如有必要，再注入些机油使油面达到油尺的"H"（高油面）记号处。

图3-31 装机油滤清器前准备工作

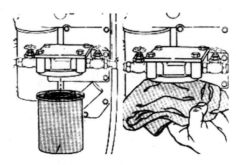

图3-32 检查是否漏油

(2) 更换冷却液滤清器

警告：热的柴油机特别是满载运行后的柴油机不能立即拆卸散热器加水盖，因为蒸气会造成严重的人身事故！须等冷却液温度降到低于50℃后方可拆下散热器加水盖。在更换冷却液滤清器前应关闭其进出水截流阀，否则热的冷却液喷雾会严重伤人！

拆下冷却液滤清器并清洁滤清器座密封平面。在安装冷却液滤清器之前，在其密封表面涂上一层薄机油。按滤清器制造厂的说明安装冷却液滤清器。不能将滤清器拧得过紧，否则会使螺纹变形和损坏滤清器座。

打开冷却液滤清器进出水截流阀，同时装上散热器加水盖。警告：若忘记打开冷却液滤清器进出水截流阀，冷却系统将失去防腐防蚀保护，会造成柴油机的严重损坏。

(3) 检查进气系统

检查进气胶管是否有裂缝或穿孔，夹箍是否松动，如有发现应予以拧紧或更换，确保进气系统不漏气,否则会造成柴油机损坏,如图 3-33 所示。

(4) 检查和保养中冷器

用肉眼检查进气中冷器进出气室是否有裂缝、穿孔或其他损坏。检查中冷器管子、散热片以及焊缝是否有开裂、脱焊以及其他的损坏。

如果检查发现由于增压器失效或其他的原因造成机油或垃圾进入进气中冷器,则该中冷器必须从设备上拆下进行清洗。注意:不允许用带腐蚀性清洁剂清洗进气中冷器,否则会造成严重损坏。

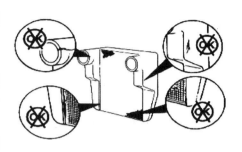

图 3-33　检查进气系统

用溶剂沿着气流流动方向冲刷中冷器内腔。在冲刷过程中,应震动或用橡皮榔头轻轻敲击中冷器以促使积在里面的垃圾冲刷出来。

用溶剂将中冷器内的机油和垃圾完全冲洗完毕后,应用热的肥皂水冲洗残留在中冷器内的溶剂,最后须用清水完全冲刷一遍。顺着进气方向用压缩空气吹干中冷器内腔,如图 3-34 所示。

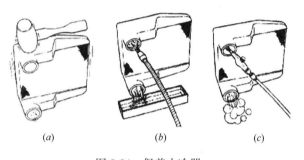

图 3-34　保养中冷器
(a) 敲击;(b) 冲洗;(c) 吹干

(5) 检查空气滤清器

当空气滤清器阻力超过 6.2kPa 时,应更换空气滤清器元件,如图 3-35 所示。注意:空气滤清器阻力应在柴油机标定工况时检查。

警告:绝不允许不带空气滤清器情况下开动柴油机。进气空气必须滤清以防止灰尘、垃圾进入柴油机造成柴油机早期磨损。

三、整机的维护保养

1. 日检

启动发动机前的检查:

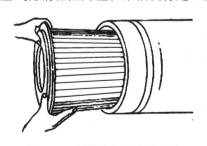

图 3-35　更换空气滤清器元件

(1) 液压油箱:油位应达到观察孔的中间位置。

(2) 电瓶:电瓶液位应达到上线,如果不到再加注蒸馏水。

(3) 燃油箱:掀开摊铺机的上盖板,拧开油箱盖,可以检查柴油量是否足够。柴油箱的油无论如何都不能用完。

（4）目视检查：对于泄漏、履带托轮、履带张紧等进行目视检查，张紧轮与第一托轮之间履带的下沉量为 10～15mm 为宜，否则应调整履带的张紧度；检查履带托轮，清除黏附于外部的杂物，使其运转自如。

（5）发动机机油：油位应达到标尺的中线。在出厂时加注的柴油牌号见《柴油发动机使用说明书》。

（6）检查各处皮带及链条，视情况予以张紧；螺旋刮板的驱动链条一般允许下沉 10mm 左右，表明张紧良好。

（7）发动机启动后，空转 10～15min，以便润滑油升温和液压油升温。

发动机停机后检查：

（1）给燃油箱加满燃油。

（2）检查机油油面。

（3）清除摊铺机上的泥土和杂物。

（4）清除泄漏或溢出在摊铺机上的油污。

（5）清除螺旋部位的料渣、灰土，保证螺旋转动平稳，无异常声音。

（6）清除刮板输送链的砂砾、土石，保证刮板输送器运转通畅。

（7）松开振捣头的护板，将内部的材料清理出来。

（8）打开自动润滑，同时在螺旋支撑处人工打黄油，将缝隙中的材料挤出，以防凝固。

（9）沥青材料铺完后，应在振捣头、刮板、螺旋处喷洒柴油。

（10）发动机熄火后，盖好排气筒。

2. 每周保养（50h）

（1）在各润滑点（螺旋及振捣的轴承座、刮板输送器轴承、油缸支撑点、履带张紧处、万向节、熨平板振捣系统的联轴器等）加注润滑脂。

（2）检查分动箱、减速机等的润滑油位置。

（3）检查联轴器处的磨合情况。

（4）检查螺旋的连接轴承座处及耐磨块磨损情况。

（5）检查振捣马达、振动马达的皮带磨损情况。

（6）检查各油缸、泵、阀块、接头的泄漏情况。

（7）新机在运行 50～100h 应更换各减速机、分动箱的润滑油。

3. 每月保养（200h）

（1）清洗干净燃油箱。

（2）检查电路系统的防潮和防尘。

（3）检查熨平板、振捣装置各连接部位的螺栓是否紧固。

（4）检查机架撑杆、挡料板与机架连接处是否变形，可取下部件进行校平或校直。

（5）各软管，尤其是油缸处的软管，检查是否有损伤，否则更换。

（6）对于皮带张紧装置，如果张紧失效，应更换皮带。

（7）检查行走履带橡胶板的磨损情况，对磨损严重的履带橡胶板，应予更换。

4. 季度保养（600h）

（1）更换滤清器滤芯。

(2) 更换柴油机的空气滤清器初级滤芯。

(3) 更换分动箱、减速机的润滑油。

(4) 新机在运行 500h 要更换液压油。

5. 每个施工季节的保养

(1) 更换液压系统用油。

(2) 清洗液压油箱。

(3) 对机械部分进行全面检查、保养和维修。

(4) 停工后，应将整机用篷布封好，放在室内，各种外露的操纵元件都应封盖好。

注意：应该在油热的时候更换减速机中的油，以防止形成沉淀物，至少每月检查一次油面，如每次加入大于 10% 总油量的油，要检查油的渗漏。切记不同的油不能混合，如有混合应将油全部更换，当整机要长期贮存时，特别是在潮湿的情况下，将减速机内部全部充油。

6. 集中润滑泵的使用注意事项

(1) 使用的润滑脂必须洁净、无明显杂质，以防损坏泵内零部件。

(2) 泵在长期不用时，应将贮油筒中的油脂清除干净（挖出贮油筒内油脂，倒入机油，启动润滑泵，直至各出油口均有机油流出）。

(3) 当持续工作压力大于 16MPa 时，泵的连续工作时间不可大于 20min，间歇时间应大于 5min，否则将缩短泵的使用寿命。

(4) 系统中采用的是递进式分配器，当有一个润滑点发生堵塞时，分配器就会停止工作，泵的系统压力就会提高，通过溢流阀流回贮油筒。

(5) 系统的控制器出厂设置为工作 15min，停止 5min。对于此系统一定要注意观察压力表的压力值，注意控制器有无蜂鸣报警。当压力表读数在 16MPa 左右时，说明系统有故障，应等停机时检查维修，否则会烧坏轴承。

(6) 控制器的设置，间歇时间设置有 15、30、60、240 四挡可选，出厂时选为 15 挡；运行时间有 5、15 两挡，出厂时选在 5 挡。

四、熨平板的保养

1. 润滑剂

振捣器和振动器轴承润滑时使用的是：最低工作温度为 170℃ 的热轴承润滑剂。建议使用二硫化钼润滑脂 LLC5102-86 或使用其他厂家近似的热轴承润滑剂，最低工作温度为 170℃。这是由于其他润滑剂的某些成分不适宜用在这种高速运转的装置上，因此使用的热轴承润滑剂绝不应当含有石墨或其他的有害成分。

注意：在用油枪注射润滑剂之前，要将油枪嘴擦干净，不得沾有脏物。

2. 润滑周期

每工作 2 周，相关部位必须注油一次。

3. V 形皮带的张紧

每工作一周，应当检查振捣器与振动器的 V 形驱动皮带张紧度，如果发现皮带打滑，或在启动时出现尖锐声，必须调整其张紧度。摊铺机所用的皮带一般允许手压下约 10mm，表明张紧良好。

注意：必须避免皮带张紧过度，否则施加于液压马达轴承上的变形将会太大。

第五节　常见故障的诊断

一、常见故障诊断及排除方法

常见故障诊断及排除　　　　　　　　　　　　　　　表 3-6

序号	故障现象	原因	排除方法
1	刮板输料不运转或运转太慢	(1) 输料刮板链太松，张紧度不够； (2) 开关故障； (3) 料条被卡死	(1) 从机器前端，调整刮板链张紧度； (2) 检查开关； (3) 清理
2	螺旋不运转或运转太慢	(1) 电位器故障； (2) 开关损坏； (3) 泵或马达损坏	(1) 检查电位器； (2) 检查开关； (3) 检查泵或马达
3	熨平板提升不起来（大臂不动或下降）	(1) 开关故障； (2) 电磁阀损坏； (3) 液压锁未打开； (4) 液压油缸泄漏； (5) 安全阀压力不够	(1) 检查开关； (2) 检查电磁阀； (3) 检查液压锁； (4) 更换油封； (5) 调节安全阀压力
4	料斗不动作或自己落下	(1) 柴油机转速太低； (2) 安全阀压力不够； (3) 吸油管漏油； (4) 电磁阀故障； (5) 液压油缸密封漏油； (6) 开关故障	(1) 提高油门； (2) 调节安全阀压力； (3) 更换油管； (4) 检查电磁阀； (5) 更换油封； (6) 检查开关
5	柴油机停转	(1) 燃油不够； (2) 保险故障； (3) 电源故障	(1) 加注燃油； (2) 更换保险； (3) 检查电路
6	自动找平仪不工作或故障不准确（小臂油缸不动作）	(1) 控制器或操纵台上的开关位置不正确； (2) 传感臂在控制器轴上自行转动； (3) 电磁阀未打开； (4) 液压锁未打开	(1) 将开关扳到正确位置； (2) 重新安装传感臂； (3) 检查电磁阀； (4) 检查液压锁
7	发动机启动不了	(1) 熄火开关未复位； (2) 燃油管路进气； (3) 电瓶亏电； (4) 电磁阀未打开； (5) 线接触不好或断线； (6) 启动继电器故障； (7) 启动马达故障	(1) 将熄火开关复位； (2) 设法排除空气； (3) 充足电瓶再启动； (4) 检查修理或更换； (5) 检查修理或更换； (6) 检查修理或更换； (7) 检查修理或更换

续表

序号	故障现象	原 因	排除方法
8	发动机温度过高	(1) 风扇皮带打滑； (2) 机油量不足； (3) 散热器被杂物堵住	(1) 检查和调整皮带； (2) 添加机油。 (3) 清理杂物
9	负荷下冒黑烟	(1) 进气量不足； (2) 燃油系统工作不正常	(1) 清洁滤清器滤芯； (2) 检查燃油系统
10	液压系统漏油	(1) 密封圈损坏； (2) 接头松动； (3) 油管密封面损坏	(1) 更换密封圈； (2) 拧紧接头； (3) 更换油管
11	液压系统噪声严重	(1) 吸油管路进气； (2) 吸油管路堵塞； (3) 油箱油面过低； (4) 元件管路未固定好	(1) 拧紧接头或更换密封圈； (2) 排除异物并清洗； (3) 添加新油； (4) 检查并紧固
12	液压油温过高	(1) 液压油不足； (2) 散热器故障； (3) 溢流阀调整压力过低； (4) 系统堵塞	(1) 添加新油； (2) 检查或更换； (3) 重新调整压力； (4) 检查并清洗
13	手油门操纵失效	拉线松弛	调整
14	液压系统压力升不上去	(1) 安全阀开启压力过低； (2) 系统泄漏严重； (3) 油泵失效； (4) 液压油不足	(1) 调节； (2) 检查并排除； (3) 修理或更换； (4) 添加新油

二、在摊铺过程中产生的故障

摊铺过程中故障诊断　　　　表 3-7

序号	出现的问题	分析原因
1	找平控制仪的指示灯亮而大臂油缸无动作	(1) 电源故障； (2) 油缸内泄； (3) 电磁阀故障； (4) 液压锁未打开； (5) 系统压力太低，调节压力
2	出现波纹面或波浪面	(1) 压路机操作不正确； (2) 路基平整度太差； (3) 停机待料时间太长； (4) 找平基准线未装好； (5) 基准线掉落或纵坡控制仪的传感臂抖动太大或掉落； (6) 传感臂上的配重块调节不合理； (7) 整平板底部磨损严重或变形； (8) 整平板未在浮动状态工作； (9) 熨平板前面的料忽多忽少； (10) 自卸车带刹车行走；

续表

序号	出现的问题	分析原因
2	出现波纹面或波浪面	(11) 螺旋安装高度不合适； (12) 摊铺机的工作速度不恒定； (13) 摊铺机的振捣频率不恒定； (14) 卡车卸料时与摊铺机碰击
3	暂停时，整平板对铺层的压痕过深	(1) 自卸车撞击摊铺机或带刹车行走； (2) 熨平板底板没有上紧； (3) 行车时抖动太大； (4) 摊铺机的工作速度太快； (5) 熨平板未在浮动状态工作
4	预压实度不够	(1) 铺层越厚，预压实度越差； (2) 振捣频率太低； (3) 摊铺机的工作速度太快； (4) 熨平板未在浮动状态工作

三、典型案例分析

1. 典型案例一：摊铺机发动机不能启动

主要有以下几个方面的原因：(1) 带负载启动；(2) 电气系统出现故障；(3) 供油系统出现故障。下面根据故障原因依次分析排除：

第一步：在发动机启动时，操纵手柄应处于中位，各功能控制开关处于中位或停位（如螺旋、刮板、振捣、振动、料斗、找平、熨平板提升等控制开关），这样才能启动发动机。特别是当行走手柄不在中位时，发动机不能启动。

第二步：启动发动机时，如果发现没有起动机的齿轮启动传动声音，说明启动线路故障。例如启动线路接触不良、启动继电器故障、启动保险烧坏、启动加浓电磁阀断路短路等，启动加浓电磁阀短路时将出现启动保险烧坏，更换启动加浓电磁阀或暂时去掉此阀，方可启动发动机。当发现其他电路故障应逐一排除方可启动发动机。

第三步：启动发动机如果发动机有启动传动声音（注意：每次启动时间不应超过10s，时间间隔不应少于3min），连续启动三次，如启动不了发动机，应做如下检查：

(1) 检查柴油箱是否有油；
(2) 检查柴油吸油管路是否松动或松掉，有气体吸入；
(3) 检查柴油粗滤和细滤是否有堵塞现象。

如果柴油箱中柴油用完后重新加入柴油，在启动时，应排出吸油管路气体，排气方法是：先从与柴油箱连接处的吸油管灌入柴油，松开柴油泵入口处放气螺塞，使柴油从柴油泵入口放气塞处流出，拧紧螺塞，重新启动发动机即可。如果发现油管连接处松动或松掉，需按要求拧紧，然后用同样的方法放气，重新启动几次即可启动。

2. 典型案例二：刮板不动作

刮板系统由电气控制系统、液压驱动系统和机械传动系统组成，刮板驱动操纵有自动和手动操纵，自动操纵由刮板料位器控制。当刮板不动作可以从以下几个方面检查并排除故障：

(1) 手动操纵有动作、自动操纵无动作（即料位器不能自动控制刮板动作），说明机械传动和液压传动系统正常，料位器线路出现故障或料位器上下微动开关移位，这时需检查修理线路，重新调整料位器微动开关位置，可排除故障。

(2) 手动操纵和自动操纵都无动作，应检查线路是否松动、保险是否烧断，如果线路连接出现问题或保险烧断，可通过更换保险或连接好线路即可排除故障。

(3) 如果电气控制系统正常，刮板不动作，可能是液压系统或机械传动系统有故障。如果液压系统有故障可能为系统溢流阀卡死，系统压力上不去，也可能为电磁换向阀不动作，一般先检查电磁换向阀，清洗并观察在通电状态阀芯动作情况，如果通电状态阀芯动作正常，清洗溢流阀并调整溢流阀排除故障，这时可通过在滤油器入口处安装测压接头测定系统压力，如带负载时压力大于 15MPa，则液压系统工作正常，检查机械传动系统是否有异常或卡阻现象并排除。

3. 典型案例三：行走不动作或无转向或偏离严重

行走系统由电器控制系统、液压系统、机械驱动系统组成。

(1) 首先，分析和排除行走不动作故障

当操纵台上速度电位器放在一定位置，推动手柄于前进位或后退位，行走不动作，这时可能有以下原因：

行走线路及元件出现故障，如保险烧坏、线路松掉、两个速度电位器（一个在面板上，一个在手柄里面）短路或断路、行走控制器失效等，如果出现这些现象，可参考显示器提示内容并按保险烧坏、线路松掉、速度电位器断路等情况逐一检查排除。

推动行走手柄至前进位置，观察行走刹车电磁阀工作是否正常（目的是在手动操作行走液压泵时行走减速机打开）。如果不正常，机器不能行走，应检查刹车电磁阀并更换；如果正常，这时分别搬动左、右行走泵上应急搬杆，当搬动左泵时，机器左边转动，搬动右泵时，机器右边转动，这时说明电器系统故障应按前面说明检查排除。

(2) 其次，行走无转向或突然转向

行走无转向主要故障原因为转向电位器短路或断路等，检查线路或更换电位器。

行走出现突然转向，主要故障原因为单边刹车突然抱死或行走控制器转向控制失效，履带张紧失效，这时应及时检查故障一侧的刹车油路或减速机，观察履带张紧情况，出现异常分析并排除。

(3) 最后，行走偏离严重

此现象故障原因较复杂些，主要原因有以下几个方面：

1) 行走控制器程序调试时机不适时；
2) 行走马达速度传感器失效；
3) 左右液压系统容积效率差别太大；
4) 左右履带张紧力差别太大；
5) 左右阻力差别太大造成左右容积效率差别。

从以上几个方面分析时应及时观察操作台上显示器提示内容，并参考提示内容进行分析排除。同时，在行走泵的压力口上接压力表，测试行走压力变化情况。如果为第一种情况，可通过重新调试达到要求。

注意：对于行走系统这样的闭式系统，在更换新泵并装好液压管路后，在启动前应在泵壳上口加注干净的油液，并渗透一段时间（约半小时）后启动液压系统为好。

排除故障的基本方法："听"、"看"、"测"要相互结合，从简单处入手，灵活对待。

第四章 安全与防护

第一节 基本安全要求

在使用摊铺机时需注意的安全事项有：

(1) 只有年满十八周岁、身体健康、智力正常的人可以被授权操作摊铺机。

(2) 驾驶员须经过驾驶资格、操作与维修专业技术培训，方能驾驶和操作设备，应熟悉产品使用说明书。

(3) 机器的安全装置必须完好无缺，特别是在螺旋输料器上部必须加防护罩。在加长或调节螺旋及熨平装置时，要特别警惕，千万不能开动机器。

(4) 在发动机运转过程中，操作者不得远离主操纵台。

(5) 柴油箱加油时，发动机必须停机。

(6) 摊铺机停放运输中，必须将熨平装置落至地面，必要时可垫三角木稳定。

(7) 在维修保养机器时，必须将可运动部件（例如熨平装置、料斗）加以固定，防止这些部件下落，造成事故。

(8) 在每个工作日之前，必须检查安全设备的情况，在启动机器前确保保护罩等所有安全设施到位。

(9) 在某些情况下，机器的噪声可能会超出安全规则要求的最大噪声标准（90dB），在这种情况下，驾驶员要佩戴保护耳罩。

(10) 高温作业时，注意防暑降温。为了驾驶员的安全，操作位置温度超过45℃时，应停止工作。

(11) 工作时，发动机的冷却液是热的并有压力，所有通往散热器或发动机的管路都有热水或蒸汽，碰上都会造成严重烫伤。检查冷却液液位时，发动机应停机并且加水口盖冷却到裸手可以拧开，慢慢松开冷却系统加水口盖以释放压力，冷却系统的冷却液中含有碱，这可能使人受伤，不要让其碰上皮肤眼睛，更不能喝，在排除冷却液之前应让其冷却。

(12) 热的油或部件可能使人受伤，不要让热油或部件碰到皮肤上，在工作时，液压油箱是热的并有压力。打开液压油箱加油口盖时发动机应停机，并且盖子冷到能裸手打开，慢慢地打开液压油箱加油口盖子以释放压力，在所有管子、接头或有关零件拆开之前都要将其压力释放。

(13) 蓄电池放出可能引起爆炸的可燃性烟雾，检查蓄电池电解液液位时，严禁抽烟，电解液是一种酸性物质，碰到皮肤和眼睛会使人受伤。

所有燃油、大部分润滑油和一些冷却剂的混合液都是可燃物质，燃油泄漏到热的表面或电器元件上可能会引起火灾，在加油时或在加油区域、蓄电池充电的地方或存在可燃物品的地方严禁抽烟。如果发生火灾，及时使用操作台上的灭火器，灭火器使用细则详见灭火器使用说明书。

（14）不要弯曲或锤击高压管路，不要将弯的或损坏的管路、硬管或软管装在机子上，修理任何松动的或损坏了的燃油和润滑油路、硬管和软管，泄漏可能会造成火灾，修理或更换请与制造商联系。

（15）仅能在有爬梯或扶梯处爬上或爬下机子，在爬上或爬下机子时，应面对机子抓扶梯，严禁在机子行走时爬上或爬下，严禁从机子上跳上和跳下。

（16）注意照明系统是否正常工作，在启动发动机和开动机子之前，注意机子上、机子下或附近是否有人工作，注意工作区域是否有人。

（17）每天出工前必须检查转向系统、制动系统是否正常，若不正常不允许开工，维修与更换请与制造商联系。

（18）加注的各种油类须清洁，不含杂质。

（19）进行电焊作业时，应关闭蓄电池总开关。

（20）发动机散热器应充满冷却液。

第二节 工作过程安全要求

一、行驶前准备及检查

摊铺机操作人员必须经过专业培训，了解机械性能、构造，掌握保养知识，熟练地掌握机械性能及操作要领和安全事项，并经有关部门确认合格后，方可单独操作。

（1）了解设备自身和作业现场可能涉及的全部安全标志和标牌。

（2）启动发动机前必须检查：油（机油、燃油、工作油、润滑油）量是否足够、风扇上皮带松紧度、有无漏油及其他部件松动现象。检查当天工作所需的各种配件、附件、工具等是否齐备。

（3）启动发动机后，急速运行至少 2min 后检查各监控系统指示是否正常。

（4）运料车辆倒料必须有人指挥，准确将料卸入机器料斗内。

（5）摊铺机工作前须和左右调平人员取得联系，确保其他人员不在作业区内，方可作业。

（6）在作业挡向行车走挡转换时，必须在小油门，机器完全停稳后，各工作部件停止工作情况下进行。

（7）操作人员严禁酒后操作，操作设备时必须穿戴整齐，不得穿拖鞋，不得有吸烟、饮食等其他有碍安全作业行为。

（8）摊铺机在工作后，所有防护装置必须安装在指定位置上。

（9）操作室（台）必须保持清洁，及时清理油污等污物，不得乱放工具等其他物品。

（10）司机离开操作台前，必须将操作机构全部置于"0"位上。

（11）对于液压自动加宽摊铺机加宽时，必须注意和观察附近情况，以免伤人和损坏设备。

（12）当摊铺在使用液化气罐加热时，在熄火或失火等情况，必须将罐阀关闭。当环境温度高于 20℃ 或太阳直晒气罐时使用气罐加热，气罐必须加以遮盖。

（13）摊铺结束后，清洗材料输送、捣实装置、停机时必须把熨平板放置在垫木上，机器停放下不得妨碍交通，且应放置警示牌。发动机怠速运行 5min 再熄火，然后切断电源，锁上仪表盘。

（14）设备保养必须按照说明书中的要求进行。

（15）设备维修保养时，必须：

1）料斗、熨平板固定牢靠。

2）发动机熄火。

3）维修液压系统时，必须释放液压系统的余压。

二、主要工艺流程

（1）确定摊铺层的拱度、宽度和厚度，预选熨平板仰角和摊铺速度。

（2）摊铺机匀速向前运行且推辊正向顶推自卸卡车。

（3）料斗接受从卡车倾卸的混合料——将沥青在拌合站拌制均匀，符合要求的沥青混合料通过自卸卡车连续均匀的输料。

（4）刮板输送带将倾卸于料斗的混合料送至布料器仓。

（5）螺旋布料器将进入料仓的混合料按需分至两侧熨平板的前端。

（6）熨平板通过其前端的夯锤导入并夯实混合料于熨平板下，带有振动器的熨平板对摊铺层作进一步压实。

（7）随着摊铺机主机的自行前进，牵引大臂拖动由找平系统控制的浮动熨平板，进行熨平整面，形成符合宽度、厚度、拱度、平整度、密实度要求的铺层。

（8）压路机按照施工工艺要求对铺层进行最终的压实。

三、作业中的要求

（1）安全作业要求，合理选择摊铺速度和工作量装置的运转参数。

（2）自卸车卸料时应挂空挡，并解除制动，应使摊铺机推着自卸车前进，两者协调同步行进，防止自卸车撞击摊铺机。

（3）作业时应使输料装置工作协调，随时进行修正，使熨平板前混合料充足。

（4）作业速度要保持稳定，并尽可能减少停车启动次数，保持摊铺机连续均衡作业。

（5）机手在操作摊铺机时严禁离开，无关人员不得在作业中上、下摊铺机或在驾驶台上停留。

（6）经常检查摊铺机的行驶速度、供料能力、螺旋布料器的匹配情况。

（7）随时检查摊铺厚度、平整度，使其符合设计要求。

（8）因故停止摊铺时间较长时，应用加热装置保温，防止熨平板冷却。

（9）一般底面层和中面层使用设定高程的调平基准，表面层使用平衡梁基准。

（10）用路缘石、相邻的车道、地面做基准时，传感器必须用滑橇作跟踪件。

（11）使用纵坡仪、横坡仪联合控制作业时，摊铺宽度不宜超过 5m，大于 5m 时最好使用双侧纵坡控制方法。

（12）应随时观察传感器摆臂是否始终搭在基准线上，避免脱落。

（13）弯道作业时，主机手要观察转弯量，避免急剧转弯，熨平板端面与路缘石间距应适当放大,可大于10cm,避免转向时与路缘石碰撞。如果道路有横向坡度,要控制摊铺层的厚度增量。使用纵坡、横坡配合控制自动找平时,要提前计算好横坡的坡度,并在路面上标记坡度记号,作业时要由专人操纵横坡设定器,按照标定的数值连续稳定地转动设定器。

(14) 铺筑的道路有纵向坡度时,为了保证行驶速度的稳定,应由低处向高处摊铺,如果必须下坡摊铺作业时,要与运料自卸车驾驶员紧密配合,使行进速度稳定。

(15) 在横向大坡道上作业时,由于混合料自动流向下坡一侧,应将下坡侧熨平板接长。为了防止混合料自动流向下坡一侧,可在左右两侧使用相同螺旋方向的叶片。

(16) 摊铺机在较大的坡道上工作时,横坡度应小于15%~20%,为防止摊铺机倾翻,必要时可使用一台重型拖拉机或推土机用钢丝绳与摊铺机连接,在坡顶上与摊铺机平行等速行驶。

四、作业后的要求

(1) 将自动找平装置拆下来,擦拭干净,收入保存箱内。

(2) 摊铺机驶离工作地点,使工作装置继续运转,将混合料完全排出,对工作装置进行清洁,清除残余混合料,使之运转自如、转动灵活。在运动的部位喷洒柴油,防止粘连。

(3) 擦拭液压伸缩熨平板的导向杆表面和油缸活塞杆表面。

(4) 清洁工作应在作业场地以外进行,防止混合料掉在沥青路面上污染路面,防止柴油污染腐蚀路面。

(5) 用柴油清洗时禁止明火接近。

(6) 按照保养规程的规定进行保养作业。

(7) 摊铺机应停放在不妨碍交通的地方,摊铺机停稳,驻车制动后驾驶员方可离去。

(8) 应有专人看守,防止零件被盗,保证安全。

五、摊铺机转移工作地点行驶时的注意事项

(1) 应将熨平板收缩至最窄的宽度,将熨平板升到最高的位置,并用挂钩挂好。

(2) 应将接料斗折起至最窄的位置,用挂钩挂好。

(3) 摊铺机不得长距离行驶,特别是履带式摊铺机连续行驶距离不应超过1km。

(4) 轮胎式摊铺机行驶时,严禁在坡道上换挡或空挡滑行。

(5) 轮胎式摊铺机的差速装置,应在地面附着力不足时使用,结合或分离差速器时须停车。

六、冬天操作注意事项

(1) 在寒冷的气候条件下,发动机不容易启动,燃油可能会冻结,液压油的黏度会增大,因此,需根据气候温度选用燃油。

(2) 摊铺机使用的冷却液为永久型防冻液,寒冷天气不会冻结,不得随意添加自来水。

(3) 摊铺机最合适的液压油温度是50℃以上(最高不要超过80℃),当液压油温度低

于 25℃时，机器可能会出现操作时无反应或突然快速动作现象，因而发生严重事故，因此当液压油温度低于 25℃时，必须对机器进行预热后才能开始工作。

（4）在寒冷天气发动机难以启动，可先对进气系统进行预热，按下列步骤操作：

1）当环境温度接近或低于 0℃时，发动机启动开关接通电源后，如果发动机需预热，此时发动机预热指示灯亮，预热约 1min。

2）预热好后，预热指示灯熄灭。

3）若发动机不能平稳启动，应停止启动，间隔 2min 后重新启动；如多次启动无效，发动机将不能启动，应检查发动机空气加热器系统。

4）启动发动机后，检查各仪表及指示灯是否正常。

七、高原使用注意事项

摊铺机在海拔高度不小于 2500m、温度不小于 40℃使用时，因空气逐渐稀薄，柴油燃烧不完全，发动机功率会损失 10％以上。此时发动机会冒黑烟，燃油嘴可能会因积碳过热而烧裂，因此需经常对其除碳。

在高原上使用时，要对发动机的进气系统经常进行保养，防止发动机过载。

八、维护保养注意事项

维护保养注意事项表　　　　　　　　　表 4-1

操作条件	保养注意事项
海边	操作前：检查螺栓和一切排放螺塞是否已拧紧； 操作后：用清水彻底地清洗机器，以洗去盐分；经常保养电器设备，以避免腐蚀
多尘土环境	空气滤清器：缩短保养间隔定期清扫滤芯； 散热器：清扫散热片，以免堵塞； 燃油系统：缩短保养间隔定期清洗过滤器滤芯和滤器； 电气设备：定期清扫，特别是交流发电机和起动器的整流器表面
沙砾石地面和维修的水泥地面	工作装置：在沙砾石地面和维修的水泥地面上作业时，刀片磨损快，避免损坏铲刀体和推土板体等
冰冻天气	燃油：使用适合低温度的高质量燃油； 润滑剂：使用高质量低黏度的液压油和发动机油； 发动机冷却水：务必使用防冻剂； 蓄电池：以短保养间隔定期充足蓄电池的电，如果不充足电，电解液可能冻结

第五章 工 法 与 标 准

第一节 沥青混凝土摊铺机双机作业施工工法（范例）

一、施工现场准备工作

1. 下承层准备

在摊铺混合料前，对下承层进行清理，通过监理工程师检验合格，方可浇洒透层油。

2. 施工放样

包括水平控制和标高控制两项内容。

3. 机械准备

做好摊铺机及配套机械的准备工作；对摊铺机各工作装置及其调节机构进行检查；对摊铺机的动力及传动系统进行检查；尽量减少安装和调试产生的误差。

作业前，用喷油器向料斗推辊、刮板输料器、螺旋分料器、行走传动链和振动熨平板等各部位喷洒薄层柴油。

4. 摊铺机参数选择和调整

熨平板宽度调整；摊铺厚度的确定和熨平板初始工作迎角的调整；熨平板前缘与分料螺旋距离的调整；分料螺旋离地高度调整；振捣梁振幅和频率的调整。

二、摊铺过程

1. 熨平板加热

摊铺机开工前应提前 0.5～1h 预热熨平板使之不低于 100℃。铺筑过程中，为提高路面的初始压实度，应选择熨平板的振捣夯锤压实装置有适当的振动频率和振幅，熨平板加宽链接应仔细调节至摊铺的混合料没有明显离析痕迹。

2. 摊铺机供料

摊铺机的螺旋布料器应适应摊铺速度，调整到一个稳定的均衡转动速度，两侧应保持有不少于送料器 2/3 高度的混合料，以减少在摊铺过程中的混合料的离析。

3. 自卸汽车卸料

混合料符合温度要求后，第一辆自卸车向摊铺机受料斗中换卸料，直到受料斗中料满即停止卸料。

摊铺机边受料边将混合料输送到分料室，摊铺机按事先确定的行驶速度起步摊铺混合料。起步时事先调整好熨平板高度，同时，设两人专门看护传感器，使其不滑出钢丝绳，并注意不要有钢丝绳滑落现象。

摊铺机起步后，边摊铺混合料边推动自卸车前进，同时自卸车继续向受料斗中上卸料，第一辆自卸车卸料完毕后，第二辆自卸车向摊铺机倒退，及时向摊铺机喂料，第二辆自卸车倒退离摊铺机 20～30cm 时，停车挂空挡，摊铺机继续向前摊铺混合料，接触第二辆料车并推动料车前进，第二辆运料车立即向摊铺机受料斗缓缓卸料。以这种方式保持摊铺机匀速不间断的摊铺混合料。

4. 摊铺机作业速度

根据供料能力确定摊铺速度。摊铺机的工作速度一般在 2.5～3m/min，为使摊铺有足够的密实度和平整度，下面层摊铺速度控制在不大于 3m/min，摊铺机每前进 1m，振捣次数不少于 200 次。

5. 摊铺过程

设专人清扫摊铺机两条履带前的路面，保证摊铺机的平稳行走。设专人处理螺旋输料末端的离析现象。设专人对摊铺温度、摊铺厚度进行实际测量，并做好记录。

在摊铺机熨平板上，非本机人员不得站立和通行，防止浮动熨平板瞬间下沉，影响路面平整度。

摊铺机必须缓慢、均匀、连续不断地摊铺，不得随意变换速度或中途停顿。摊铺速度宜控制在 2.5～3m/min 范围内，改性沥青放慢到 2.5m/min。当发现混合料出现明显离析、波浪、裂缝、拖痕时，应分析原因并予以消除。根据业主要求施工时采用统一品牌及型号的摊铺机，两条摊铺机一次摊铺，不准单机作业。摊铺机相距以 10m 为宜，搭接长度为 5～10cm。施工时保证拌合机与摊铺机的生产能力互相匹配。

沥青混凝土摊铺前，先将基层进行清理，污染严重的路段需经监理工程师同意后，撒布适量的粘层沥青。

三、混合料的压实程序

混合料摊铺后立即进行压实，其碾压速度应符合规范要求。沥青混凝土路面以马歇尔试验密度和 SUPERPAVE 为标准，压实度不小于 95％。

1. 初压

初压紧跟在摊铺机后，尽快压实可减少热量损失。

采用 2 台 DD-130 钢轮压路机静压 1～2 遍，碾压时将压路机的驱动轮面向摊铺机，从外侧向中心碾压，在超高路段、坡路上将驱动轮从低处向高处碾压。

初压后检查平整度、横坡度，有严重缺陷时进行修整方可进行复压。

2. 复压

复压在较高的温度下进行，复压紧跟在初压后开始，不得随意停顿。

采用 2 台重型轮胎压路机进行揉搓碾压，总质量不宜小于 25t，各个轮胎的气压大体相同，相邻碾压带应重叠 1/3～1/2 的碾压轮宽度，碾压至规定的压实度为止。当采用三轮钢筒式压路机碾压时，总质量不宜小于 12t，相邻碾压带宜重叠后轮的 1/2 宽度，并不少于 20cm。

对路面边缘、加宽路段等压路机碾压不到的部位，采用小型振动压路机或振动夯板补充碾压。

复压期间温度不低于 140℃，碾压方式与初压相同，碾压遍数参照铺路试验阶段所得的结果确定，通常不少于 6 遍。

3. 终压

终压采用 1 台 DD-130 双钢轮胎式压路机碾压不少于 2 遍,至无明显痕迹为止。

沥青混凝土面层采用平接缝。平接缝在沥青混合料尚未冷透时人工刨除端部,使工作缝成直角连接,当采用切割机作平接缝时,应在铺设当天混合料冷却但尚未结硬时进行。刨除或切割时不得损伤下层路面,切割时留下的泥水必须冲洗干净,待干燥后涂刷粘层油。

铺筑新混合料接头应使接茬软化,压路机先进行横向碾压,再纵向碾压成一体,充分压实、连接平顺。

碾压注意事项:先静压后振动碾压,最后静压。碾压时驱动轮在前,从动轮在后;后退时按碾压的轨迹行驶,折回不在同一断面上。碾压作业长度与摊铺机速度相平衡,随摊铺机向前推进。

压路机不得在新铺混合料上转头、调头、左右移动位置和突然刹车,或从刚碾压完毕的路段进出。

当天碾压完尚未冷却的面层上不得停放一切机械设备,以免产生变形。

四、开放交通

当沥青混合料表面温度低于 50℃后方可开放交通。

需要提前开放时,可洒水降温。严禁在铺筑完成的面层上堆放杂物。

五、纵缝热接施工工艺

纵缝为热缝时采用两台摊铺机呈阶梯形联合摊铺,前后甲、乙两台摊铺机的纵向熨平板一般相距 10m 为宜。过近,运料汽车易发生刮碰甲摊铺机;过远,则甲已摊的沥青混合料降温太快,不易整体碾压成型。摊铺机以靠近路中心线一根拉紧的钢丝绳作为甲摊铺机行走的纵向基准线,与横坡传感器共同控制甲摊铺机作业。乙摊铺机左侧传感器接滑板并以甲摊铺机摊铺的沥青面作为其纵向传感器的基准面,与横坡传感器共同控制摊铺机作业。其中,甲、乙摊铺机重叠部位应控制在 10cm 以内,且重叠部位在摊铺时不应出现堆料现象,避免重叠的地方经过两次熨平板的压实,使纵缝处的压实度大于周围的压实度,再经压路机压实后在纵缝处出现向上凸的现象。

虽然热接纵缝经压路机碾压后,能使纵缝处密实,但仍会有一条明显的纵向线条,为了消除此纵向线条,在双钢轮压路机初压完成后,复压采用胶轮压路机碾压。由于胶轮压路机的特殊压实处理(搓揉)能使纵向线条变得不明显,外观与两侧基本一致,同时在初压完成后及时用 3m 直尺检查纵缝处的横坡。若纵缝向上凸,则用双钢轮振动压路机在其上再碾压几遍;若向下凹,则从两侧向纵缝处碾压,尽量弥补纵缝的缺陷。在碾压补救的同时及时检查摊铺机的传感系统,并微调传感器,使摊铺面的横坡满足设计要求。

第二节 《非道路移动机械用柴油机排气污染物排放限值及测量方法(中国第三、四阶段)》GB 20891—2014

2016 年 1 月 18 日,环保部发布 2016 年环保部第 5 号公告,宣布《非道路移动机械用柴油机排气污染物排放限值及测量方法（中国第三、四阶段）》GB 20891—2014，（以下简称《非道路标准》）将分步实施。所有制造、进口和销售的农用机械，将从2016年12月1日起，不得装用不符合"国三"标准的柴油机。非道路移动机械生产企业作为环保生产一致性管理的责任主体，应确保实际生产、销售的机械达到《非道路标准》相应要求。同时，按照《中华人民共和国大气污染防治法》将相关环保信息进行公开。环境保护部将加强生产、销售环节监督检查，严厉打击违法生产销售不达标产品行为。对生产、进口、销售不符合《非道路标准》要求的，环境保护部会同有关部门依法进行处罚。

为进一步减少非道路移动机械污染排放，改善空气质量，全国多地相关部门纷纷划定禁止使用高排放非道路移动机械区域，为此提醒摊铺机设备业主、服务方、操作者、维修保养人员密切注意以上有关环保法规、国家标准和地方标准等。

施工选配摊铺机设备时，应密切注意环保法规和排放标准。

高排放非道路移动机械认定（以太原、北京、郑州等地文件为例）：非道路移动机械系不在道路上行驶的机械，主要为工程机械、农业机械、林业机械、园林机械、船舶运输等机械，包括但不限于装载机、推土机、压路机、挖掘机、打桩机、沥青摊铺机、拖拉机、发电机、联合收割机、非公路卡车等。

第三节　《沥青混凝土摊铺机》GB/T 16277—2008

一、应用范围

《沥青混凝土摊铺机》国家标准标准号为GB/T 16277—2008，该标准规定了沥青混凝土摊铺机的分类、技术要求、试验方法、检验规则、标志、包装、运输和贮存，该标准适用于自行式沥青混凝土摊铺机。

二、要求

1. 基本要求

（1）摊铺机应按经规定程序批准的图样及技术文件制造。

（2）用于摊铺机的材料及配套件（外购件）均应有必要的合格证明。

（3）摊铺机应具有受料系统、输送装置、分料装置、熨平及加热装置、行走系统和操纵控制系统等，结构布局应便于保养、维修，经常检修、润滑、调整及紧固的部位，应具有足够的作业空间，其最小入口尺寸应符合《土方机械　最小入口尺寸》GB/T 17299—1998的规定。

（4）摊铺机的正常工作条件应符合以下规定：

1）摊铺机的作业环境温度一般应在4℃～35℃的范围内，海拔高度在500m以下；

2）摊铺机作业的沥青路面基层、沥青混合料等应符合《沥青路面施工及验收规范》GB 50092—1996的规定。

（5）摊铺机应能在与产品规定的配套设备对接受料状态下，以各种作业组合状态铺筑沥青混合料路面面层。

（6）摊铺机应设置起吊、运输固定专用装置、工具箱，并备有专用工具和常用备件及附件。

（7）转运状态的外形边界尺寸应符合有关交通、运输等方面的规定。

（8）摊铺机的焊接件、铸件质量应分别符合《建筑机械与设备 焊接件通用技术条件》JG/T 5082.1—1996 和相关规范的规定；钣金件、结构件的表面、边缘应光滑平整。

（9）摊铺机的涂装质量和装配应分别符合相关规范的规定。

（10）摊铺机的可靠性要求：摊铺机征集作业可靠性试验时间为 300h；首次故障前工作时间不少于 100h；平均无故障作业时间不少于 100h；可靠度不小于 85%。

2. 作业系统要求

（1）受料系统

1）受料系统与摊铺机产品规定的配套设备应具有合理的对接装置。

2）受料系统的受料能力应与摊铺机的最大生产率匹配。

3）料斗高度应适合配套设备卸料，即前料斗地板高度不大于 600mm。

（2）输送-布料系统

1）输送-布料系统的作业能力应与摊铺机的最大生产率匹配，应能独立进行纵向和横向传送，分配和摊布沥青混合料。

2）刮板输送装置、螺旋分料装置的工作速度应能进行无级或有级调节，工作参数应达到产品规定值，允许误差为 ±5%。

3）螺旋分料装置的作业宽度应能在基本摊铺宽度的基础上，随摊铺宽度的变宽在最大摊铺宽度内加宽。

（3）熨平及加热装置

1）熨平装置的作业宽度应能在基本摊铺宽度的基础上，可在最大摊铺宽度内进行无级展宽或有级加宽，并可实现单侧独立调节。

2）熨平装置的摊铺厚度调整机构应采用有级或无级调节。

3）熨平装置的拱度调节装置应采用无级调节。

4）振动器的工作参数（频率、振幅）应达到产品规定值，允许误差为 ±5%。

5）振捣压实装置的工作参数应达到产品规定值，冲击次数允许误差为 ±5%，冲击行程允许误差为 ±2%。

6）熨平加热装置可采用电加热或气加热，熨平板底板工作温度应大于 100℃。环境温度为 5℃~20℃时，预热时间不大于 30min；环境温度大于 20℃时，预热时间不大于 20min。

（4）自动调平系统

1）自动调平系统应采用机械接触式或非接触式传感器，电液控制系统的响应特性应满足摊铺各面平整度的要求。

2）两侧自动调平油缸应有明显的活塞杆工作位置指示装置。

3）自动调平控制器的工作环境温度应为 −10℃~70℃。

3. 机械传动、电气、液压、气动、电子管理系统要求

（1）机械传动系统

1）传动装置的润滑油油温不大于 80℃。

2）传动装置的润滑油的固体颗粒污染清洁度等级应符合相关规定。

3）除高温区的轴承以外，其他滚动轴承温度应不大于 95℃、滑动轴承温度应不大于 80℃。

(2) 电气系统

1) 摊铺机电气系统应符合《机械电气安全 机械电气设备 第 1 部分：通用技术条件》GB 5226.1—2008 的有关规定。

2) 电气系统元件应符合《电工电子产品应用环境条件 第 5 部分：地面车辆使用》GB/T 4798.5—2007 中规定的 5K4/5C2/5S3/5F3/5M3 环境条件。

3) 电加热式熨平板加热装置的电气系统应符合《电热装置的安全 第 1 部分：通用要求》GB 5959.1—2005 的规定。

(3) 液压系统

1) 液压系统应符合《液压传动 系统及其元件的通用规则和安全要求》GB/T 3766—2015 的有关规定。

2) 液压系统油温不大于 85℃。

3) 开式液压系统液压油的固体颗粒污染清洁度等级不应大于 JG/T 5035—1993 中规定的 18/15，闭式系统不应大于 17/14。

4) 液压系统应具有良好的密封性能，不应有渗漏和空气吸入。

(4) 气动系统

1) 气动系统应符合《气动 对系统及其元件的一般规则和安全要求》GB/T 7932—2017 的有关规定。

2) 摊铺机制动系统的气压制动系统及气压稳定性能应符合《机动车运行安全技术条件》GB 7258—2017 的规定。

(5) 电子管理系统

1) 电子管理系统应能在摊铺过程中实时监测、显示各工作装置的主要工作参数。

2) 电子管理系统应能实时地对故障进行监控、报警，同时显示出故障部位、可能原因及解决方法，并可根据故障的严重程度进行停机保护。

3) 电子管理系统应能设定、储存工作过程的相关数据，并输出统计数据。

4) 电子管理系统应具有无线数据传输和遥控的选装功能。

5) 电子管理系统可根据需要提供摊铺机的使用、维护、保养说明及帮助。

4. 操作、控制、指示要求

(1) 行驶操作位置可以左、右活动，也可以固定，但应布置在摊铺机前进方向的左侧，当机身宽度小于 1.5m 时，允许将操作位置布置在中间。

(2) 操作位置应具有良好的工作视野和合理的操作区域，并符合《土方机械 操纵的舒适区域与可及范围》GB/T 21935—2008 的规定。

(3) 操作件应布置在易于控制的部位。

(4) 操作图形标志应符合 GB/T 8593.1 的规定，作业操作件的图形标志应直观易辨。

(5) 摊铺机操作件的操纵力应符合表 5-1 的规定。

(6) 摊铺机应设置易于观察的速度、压力、温度、液位、电源等指示装置内部提示光声信号。

(7) 各独立调节机构应设置直观的调整指示装置。

(8) 摊铺机转运行驶的外部光声信号和照明应符合《机动车运行安全技术条件》GB

7258—2017 的规定。

操作件的操纵力（单位：N） 表 5-1

操作对象	操纵力	
	经常	非经常
按钮	≤10	≤20
手轮	≤50	≤150
手柄	≤60	≤200
踏板	≤100	≤250

注：经常操纵力指操作人员操纵摊铺机行驶和摊铺作业时的操纵力；其他情况时的操纵力为非经常操纵力

第四节 《移动式道路施工机械 摊铺机安全要求》 GB 26505—2011

一、应用范围

《移动式道路施工机械 摊铺机安全要求》国家标准标准号为 GB 26505—2011，该标准规定了移动式道路施工机械摊铺机（以下简称摊铺机）的安全要求，及其在预定使用和可预见的误操作情况下产生的相关重大危险。该标准在《移动式道路施工机械 通用安全要求》GB 26504—2011（本节简称为 GB 26504—2011）的基础上，补充了对摊铺机的具体要求，该标准不适用于使用内置和/或外置振动器进行混凝土摊铺作业的机器。

二、要求

1. 照明灯、信号灯和标志灯以及反射装置

应符合 GB 26504—2011 中 5.2 的规定。

2. 操作与控制

应符合 GB 26504—2011 中 5.3 的规定。

3. 司机位置

应符合 GB 26504—2011 中 5.4 的规定，下述除外：

5.4.1 中的 e）和 f）仅适用于前进方向的测量；5.4.2 中的 a）不适用于摊铺机。

4. 司机座椅

应符合 GB 26504—2011 中 5.5 的规定。

5. 控制器和指示器

应符合 GB 26504—2011 中 5.6 及下述规定：

不能同时在司机位置和遥控区域控制熨平板的伸缩。设计时应保证熨平板的伸缩控制装置在释放后回到中位（止-动控制）。

6. 启动

应符合 GB 26504—2011 中 5.7 的规定。

7. 停机

应符合 GB 26504—2011 中 5.8 及下述规定：

轮胎式摊铺机制动系统应符合附录 A 的规定。

8. 司机位置和维护位置的通道装置

应符合 GB 26504—2011 中 5.9 及下述规定：

在运输状态，通向司机位置的第一个踏脚高度可以超过 600mm。5.9 规定不适用于通向料斗区域维护位置的通道装置。

熨平板上应安装走道并覆盖整个作业宽度。

9. 防护

应符合 GB 26504—2011 中 5.10 及下述规定：

熨平板应配有锁定装置以确保提升安全。

主机宽度内易产生机械危险的螺旋布料装置应安装符合《机械安全 防护装置 固定式和活动式防护装置设计与制造一般要求》GB/T 8196—2003 中的 3.2 规定的固定式防护装置，如护栏。

当螺旋布料装置超出主机宽度时，应有护栏防护。

当摊铺机被设计用于在轨道上行走作业时，每个行驶方向上的所有轮子应安装护脚装置，护脚装置和轨道上边缘的距离应不大于 20mm。

10. 压力系统

应符合 GB 26504—2011 中 5.11 的规定。

11. 防火

应符合 GB 26504—2011 中 5.12 的规定。

12. 热表面

应符合 GB 26504—2011 中 5.13 的规定。

13. 信号装置和警告标志

应符合 GB 26504—2011 中 5.14 及下述规定：

摊铺机的伸缩熨平板作业时可能形成挤压和剪切区域，应在靠近挤压和剪切区域安装黄色警示灯，熨平板伸缩时警示灯应自动闪烁。

14. 液化气系统

应符合 GB 26504—2011 中 5.15 的规定。

15. 电气和电子系统

应符合 GB 26504—2011 中 5.16 的规定。

16. 电磁兼容性（EMC）

应符合 GB 26504—2011 中 5.17 及下述规定：

附录 B 适用于摊铺机噪声值的测定，附录 C 适用于滑模摊铺机的噪声值测定。

17. 输送装置

料斗输送装置不必符合 GB 26504—2011 中 5.19 的规定。

18. 安全要求和/或防护措施确认

应符合 GB 26504—2011 中第六章的规定。

第五节　《移动式道路施工机械 通用安全要求》GB 26504—2011

一、应用范围

《移动式道路施工机械 通用安全要求》国家标准标准号为 GB 26504—2011，该标准规定了移动式道路施工机械设计和制造的通用安全要求。该标准给出了移动式道路施工机械在预定使用和可合理预见的错误使用条件下可能发生的所有重大危险，并且规定了可消除或减小这些重大危险的适当技术措施。

二、要求

1. 通则

移动式道路施工机械应符合本标准的要求和/或保护措施。

本标准未涉及的非重大相关危险，机器的设计应按《机械安全 设计通则 风险 评估与风险减小》GB/T 15706—2012 的原则进行（如尖锐的边缘）。

2. 照明、信号和标志灯、反射器

由司机驾乘的自行式道路施工机械应安装工作灯。

照明、信号和标志灯、反射器应符合《土方机械 照明、信号和标志灯以及反射器》GB/T 20418—2011 的相关规定。

3. 操作与处置

（1）非操控运动

只有对临险人员不产生危险时，才允许可移动的机器、工作装置或附属装置离开其防护位置（由司机操控的除外），例如浮动和/或缓动（如油液渗漏所导致）。其他要求见各具体机种的安全要求标准。

（2）救援、运输、起吊和牵引

1) 通则

如果机器结构允许，用于救援、拴定、起吊和牵引的装置可以是同一装置。

2) 起吊和装卸的起吊（拴索）点

应配置适当的起吊点（例如：座板、吊耳或吊板）确保装卸、救援和运输安全。

附属装置应便于可靠地安装起吊用具，并且其设计应能在机器起吊和救援中将其安全固定。

对于工作质量不大于 40kg 的移动式道路施工机械，起吊点可用手柄形式。

拆成零部件运输的重型附属装置、部件和机器的起吊方法应在使用说明书中说明。

机器上起吊点应容易识别，如用 ISO 6405—1：2004 中的 7.23 符号标识，并在使用说明书中说明。

3) 拴定点

为了机器的安全运输应在机器上提供固定机器的拴定点，并做出明确的标识。

拴定点应易于识别,如用 ISO 6405—1:2004 中的 7.27 符号标识,并在使用说明书中说明。

4)牵引点

工作质量大于 2000kg 的移动式道路施工机械,应配置牵引点(钩、环、耳座),以便将其缓慢拖拽并脱离危险区域。牵引点位置、允许的牵引力、牵引程序及其适宜的最大牵引速度应在使用说明书中明确规定。

5)活动部件的固定

应有防止活动部件在运输过程中可能由于运动而超出允许运输宽度的措施(如液压或机械装置)。

(3)随行操控式机械

随行操控的移动式道路施工机械,其最大行驶速度应不大于 6km/h。如果控制装置位于机器的后部,则机器的倒车速度应不大于 2.5km/h。

当在最大允许坡度上运行时,机器的下坡行驶预置速度应不大于 2m/min。

(4)转向系统

移动式道路施工机械应配备与其额定行驶速度和制停车能力相适应的转向系统,以确保安全转向。有司机驾乘的轮胎式道路施工机械,其行驶速度超过 20km/h 时应配备符合《土方机械 轮胎式机器 转向要求》GB/T 14781—2014 的转向系统,转向操纵方向应与预定的转向方向一致。

(5)轮胎和轮辋

轮辋应容易识别(见《工程机械轮辋规格系列》GB/T 2883—2015 的示例)。操作手册应规定有关安全规则、压力、充气和检查的指示说明。

使用压载轮胎应有特殊警告,警告应在使用说明书中详细说明。

(6)工具箱

机器上应有易于存取使用说明书和专用工具的工具箱。

4. 司机位置

(1)通则

司机位置应至少满足下列要求:

1)司机活动空间应符合《土方机械 司机的身材尺寸与司机的最小活动空间》GB/T 8420—2011 的规定;

2)棱边(棱角)应符合《土方机械 操作与维修空间棱角倒钝》GB/T 17301—1998 的规定;

3)发动机排气系统应使所排放的气体远离司机和司机室的进风口;

4)地板应选用防滑材料;

5)移动式道路施工机械的设计应使司机位置在机器行驶和工作时有良好的视野;

6)如果直接观察和通过后视镜观察不能满足要求,视野就会受限而导致危险,则可配备间接观察装置,最好采用监视器或监测装置,如可配备超声波报警装置。

(2)装有司机室的司机位置

工作质量大于 4500kg 的移动式道路施工机械应设计成可安装司机室,司机室应至少满足下列要求:

1) 在可预见环境下和极端气候条件下应能保护司机。如必要，司机室内应配备可调节的采暖与通风系统、除霜与增压系统。

2) 出入口应满足 EN ISO 2867 的要求。

3) 应能使门、窗和发动机罩保持打开或关闭状态，应不发生非操控的自动作和运动。对于水平分离的门，其锁定装置应为刚性且位于门上部的内侧。从相关的司机位置处应能安全地操作该锁定装置。

4) 在机器进行预定作业时，门与窗户处于打开的位置时不应超过机器的主要外部尺寸。

5) 若司机室只配备一个出入门，则应另配备一个易于接近的紧急出口并予以标识，标识应符合《机械电气安全 指标标志和操作 第 1 部分：关于视觉、听觉和触觉信号的要求》GB 18209.1—2010 的规定。天窗也可作为紧急出口使用，如果紧急出口必须用逃生锤，则应配备逃生锤并存放在司机室内，且司机能伸手可及。

6) 前窗应装有电动雨刷器、清洗器和除雾器。在机器设计中应考虑其各个行驶方向都满足该要求。

7) 应提供内部照明装置（发动机熄火后仍能正常工作）。

8) 如果安装了采暖和通风换气系统则应：

a) 或符合 ISO 10263—4 的规定。

b) 或具有在预期的环境温度下能将驾驶室内温度升高并保持不低于+18℃的能力。采暖系统的温升能力应不低于 28K/30min。

采暖系统能力的测试应在三个点进行，这三个点应在通过标定点（SIP）且与机器的纵向轴线平行的垂直面上。

另一种方法是通过计算来确定供热能力。换气系统应能以不小于 $20m^3/h$ 的流量给司机室提供新鲜空气。如果工作环境需要配备滤清器，则应按《土方机械 司机室环境 第 2 部分：空气滤清器试验方法》GB/T 19933.2—2014 进行试验（注：滤清器元件的选择依据工作环境条件而定）。

5. 司机座椅

由坐姿司机操作的机器，司机室应安装可调节座椅，该座椅能使司机在预期工作条件下进行操作。

座椅的尺寸和调节应符合《土方机械 司机座椅 尺寸和要求》GB/T 25624—2010 的规定。

如果装有减振装置，其对司机质量的调节范围应至少为 55~110kg。

6. 操控装置和指示器

（1）通则

主要操控装置和指示器（操纵手柄、脚踏板、开关等）的设计和布置应符合：

1) 应符合《土方机械 最小入口尺寸》GB/T 17299—2008、《土方机械 操纵的舒适区域与可及范围》GB/T 21935—2008 和《土方机械 司机的身材尺寸与司机的最小活动空间》GB/T 8420—2011 的规定，便于接近；

2) 其功能在司机位置处应能清晰识别（见 ISO 6405—1），并在使用说明书中予以说明；

3)操控装置和指示器触发的运行除另有要求外应符合预期效果或一般习惯;
4)当操控装置被设计和制造成具有多种功能时,如键盘、操纵杆等,其功能的触发应明确无误。

(2)控制

1)中位

当操控力释放后,所有操控装置除另有功能要求均应返回到中位,如:连续触发的;自动触发的;具有功能性定位的。

2)操控力

操控力应符合表5-2的规定。

操 控 力　　　　　　　　　　　　　　表5-2

操控方式	操控装置	最大操控力 N
手	操纵杆,向前/向后	230
	操纵杆,侧向	100
	操纵杆,向上	400
	操纵杆,向下	300
脚	踏板	450
	踏板中心转动	230
足尖	踏板	90
手指	操纵杆或开关	20

3)位于或接近热表面的操控装置

在25℃的环境温度下进行操控期间内,操控装置的温度应不超过45℃,且其位置应离热源足够远,以防止灼伤。

4)意外触发

因意外触发而可能引起危险的操控装置应合理安排,或使其不起作用,或加以防护,特别是当司机出入司机位置时不应被意外触发。

5)遥控

遥控装置的操控功能应与机器上操控装置的功能一致。

6)驾乘式移动式道路行工机械的行驶操控

驾乘式机械的行驶操控装置如易从地面接近,则应设置相应装置(如门、窗、防护装置或联锁系统),以使当司机不在司机位置时,能自由触发操控装置使机器行驶的可能性最小。

7)踏板

踏板应具有合适的尺寸、形状,并有足够的间距。踏板应具有防滑表面且易于清扫。

8)有多个驾驶位置的机器

如果有两个或两个以上驾驶位置,每个驾驶位置都应配备必要的操控装置。

7. 启动

(1)带有电动、气动或液压式发动机/电动机启动器的机器应具有中位启动功能,以保证在无危险的情况下才能启动。

中位启动程序应在使用说明书中说明。

（2）移动式道路施工机械应有防止未经许可启动发动机和作业的装置。

在电启动的情况下，可通过下列方法防止未经许可启动发动机/电动机：带锁的驾驶室；带锁的启动开关盖；启动器钥匙开关；带锁的总电源开关。

（3）发动机/电动机启动装置应合理布置和设计，以防止司机在启动时发生危险。

如可以通过以下措施：

1）电启动器；

2）气动启动器；

3）液压启动器；

4）弹簧张力启动器；

5）启动曲柄；

6）反向启动器。

启动曲柄应符合要求，且启动曲柄的安放位置应易于接近。启动装置的使用应在使用说明书中说明。

8. 停机

（1）紧急停机

紧急停机装置应安装在《土方机械 操纵的舒适区域与可及范围》GB/T 21935—2008中规定的舒适操纵区域内，并应能停止机器的所有危险功能。

紧急停机装置应满足《机械安全 急停 设计原则》GB 16754—2008 的要求。

（2）止-动式操控

如果随行操控式机器的最大行驶速度超过 0.5km/h，应采用止-动式操控。

（3）制动系统

移动式道路施工机械应安装行车制动、辅助制动和停车制动系统，并能在制造商可预见的所有使用、负载、速度、路面状况及坡道条件下有效和正常地起作用。

9. 司机位置和维护位置的通道装置

除司机位置通道装置的最低踏脚离地高度应不超过 600mm 外，其他应符合《土方机械 最小入口尺寸》GB/T 17299—1998、《土方机械 操作和维修空间棱角倒钝》GB/T 17301—1998 和 EN ISO 2867 的规定。

通道装置所有表面应永久防滑（见 EN ISO 2867：2006 中 3.6 和 4.1.5 的规定）。

当垂直高度大于 1m 时，通向司机位置和平台的走道应加装护栏。其他应满足 EN ISO 2867 的要求。

10. 保护

（1）通则

如果移动式道路施工机械预定在被污染的环境内使用，应对司机进行特殊防护（如空气滤清系统或空气增压装置）。从司机位置及其通道和其他机器相关作业位置能达到的危险区域，都应配备适当的保护装置（注：除了压路机和夯实机械应满足各自的关于 ROPS 的规定外，ROPS 和 FOPS 对移动式道路施工机械不是必需的）。

（2）防护装置

1）通则

防护装置应设计成安全地固定所在位置,并能防止接近危险区域和危险部件。
防护装置应符合《土方机械 防护装置 定义和要求》GB/T 25607—2010 的规定。
发动机罩应是独立的保护装置。运动部件和保护装置之间的安全距离。

2)活动式防护装置

因维护和检查作业需经常接近的防护装置,应是活动式的并连接在机器上,当打开时应与机器保持连接状态。

活动防护装置应安装支撑装置(如弹簧、气缸),在开启位置支撑装置应能承受 8m/s 的风速。

3)固定式防护装置

无需频繁维护和检查作业部位的护板护罩,可固定在机器上。该保护装置只有用工具或钥匙才能打开。

(3)铰接车架锁紧装置

带有铰接装置的移动式道路施工机械应配置整体式刚性锁紧装置,以防止其在维护和运输时绕轴旋转。锁紧装置应满足《土方机械 铰接机架锁紧装置 性能要求》GB/T 22355—2008 的要求,并应有符合该规范中 4.4 规定的 1.5 倍安全系数。

11. 压力系统

(1)硬管、接头和软管

硬管、接头和软管的安装方式应使其免受机械和炽热伤害。除安装在车架内部的软管和接头外,其他的应能进行可视检查。接近司机位置(距司机不大于 1.0m)的流体压力管路,若压力大于 5MPa(50bar)和/或温度大于 50℃,应予以安装就位或防护,以保证其失效和/或破裂时,司机不受伤害。硬管和软管的连接和安装,应尽可能避免接触发热表面、磨损和其他外部伤害。

如果压力可能产生危险,应能减小压力系统中的残余压力。

任何可以改变液压油喷射方向的部件或元件,可视为是有效的保护装置。

如果有危险,压力系统应能释放残留压力。

(2)燃油箱

燃油箱应能承受 30kPa(0.3bar)的内部压力而不会产生永久变形或渗漏。

如果燃油箱用聚合材料制成,其阻燃性能应符合 ECE R34 的附录 5,但不包括其中的 1。

(3)压力容器

简单压力容器应符合 EN 286—2 的规定。

(4)液压油箱

液压油箱不作为压力容器。

12. 防火

司机室地板与司机室内部装饰和绝缘材料应用耐火材料制成。按《农林拖拉机和机械驾驶室内饰材料燃烧特性的测定》GB/T 20953—2007 测试时,其最大燃烧速率应不大于 200mm/min。

对于由司机驾乘的机器,应设计司机易于接近的用于存放灭火器的空间(如在使用说明书中说明),或安装一套固定灭火系统。

13. 热表面

对于在司机位置、通道区域以及与机器相关的区域有可能触及的热表面,应合理设计、布置和/或予以保护,以将灼伤的风险降到最低(见《农林拖拉机和机械 驾驶室内饰材料燃烧特性的测定》GB/T 20953—2007 和各具体机种的安全要求标准)。

14. 信号装置和警示标志

(1)移动式道路施工机械预定驾乘式操控作业时,应配备声讯警示信号装置(喇叭)。按《土方机械 行车声响报警装置和前方喇叭 试验方法和性能准则》GB/T 21155—2015 测量时,其在机器前方 7m 处产生的声压级应不小于 93 dB(A)。从司机位置处应能触发声讯警示信号装置。

(2)铰接式机器两侧绕轴旋转的范围内应有警示标志。警示标志应按附录图设计,三角形的边长至少为 60mm,其他尺寸应符合相关规范规定。

(3)如果机器或其装置和/或附属装置存在未加说明的危险,应在机器上加注符合规范要求的警示/安全标志。

标志附加说明的文字语言应与使用说明书相同(此要求的技术措施见各具体机种的安全要求标准)。

15. 液化气装置

用于移动式道路施工机械的液化气装置应符合规范的规定。

16. 电气和电子系统

(1)通则

电气零部件和导线的安装应避免暴露在对其有损害的环境中。电气元件的绝缘应具有阻燃性。导线穿过车架、隔板等时,应保护其避免磨损。

无过流保护装置的电线/电缆应不直接捆扎在输送燃油或可燃气体的硬管和软管上。

相关零部件应符合《机械电气安全 机械电气设备 第 1 部分:通用技术条件》GB 5226.1—2008 的相关要求。

为避免连接错误,用于连接电气回路中各部件的电线和电缆应明确标识。

(2)防护等级

由电气和电子零部件的位置及安装方式决定的、符合《外壳防护等级(IP 代码)》GB 4208—2017 要求的最低防护等级:所有安装在机器外部或直接暴露于外部环境中的零部件,应根据可预见的操作情况确定最低防护等级;所有安装在司机室内或不暴露于外部环境中的零部件,在可预见的情况下,其确定的防护应不影响正常功能。

(3)过滤保护装置

除了启动电机外,所有电气设备均应配备过流保护装置(如保险丝)。

第六章　施工作业现场常见标志

住房和城乡建设部发布行业标准《建筑工程施工现场标志设置技术规程》编号为JGJ 348—2014，自2015年5月1日起实施。其中，第3.0.2条为强制性条文，必须严格执行。

施工现场安全标志的类型、数量应根据危险部位的性质，分别设置不同的安全标志。建筑工程施工现场的下列危险部位和场所应设置安全标志：

（1）通道口、楼梯口、电梯口和孔洞口；
（2）基坑和基槽外围、管沟和水池边沿；
（3）高差超过1.5m的临边部位；
（4）爆破、起重、拆除和其他各种危险作业场所；
（5）爆破物、易燃物、危险气体、危险液体和其他有毒有害危险品存放处；
（6）临时用电设施和施工现场其他可能导致人身伤害的危险部位或场所。

根据现行《建设工程安全生产管理条例》的规定，施工单位应当在施工现场入口处、施工起重机械、临时用电设施、脚手架、出入通道口、楼梯口、电梯井口、孔洞口、桥梁口、隧道口、基坑边沿、爆破物及有害危险气体和液体存放处等危险部位，设置明显的安全警示标志。

施工现场内的各种安全设施、设备、标志等，任何人不得擅自移动、拆除。因施工需要必须移动或拆除时，必须要经项目经理同意后并办理有关手续，方可实施。

安全标志是指在操作人中容易产生错误，有造成事故危险的场所，为了确保安全，所采取的一种标示。此标示由安全色、几何图形符合构成，是用以表达特定安全信息的特殊标示，设置安全标志的目的，是为了引起人们对不安全因素的注意，预防事故发生。

（1）禁止标志：是不准或制止人的某种行为（图形为黑色，禁止符号与文字底色为红色）。
（2）警告标志：是使人注意可能发生的危险（图形警告符号及字体为黑色，图形底色为黄色）。
（3）指令标志：是告诉人必须遵守的意思（图形为白色，指令标志底色均为蓝色）。
（4）提示标志：是向人提示目标的方向。

安全色是表达信息含义的颜色，用来表示禁止、警告、指令、指示等，其作用在于使人能迅速发现或分辨安全标志，提醒人员注意，预防事故发生。

（1）红色：表示禁止、停止、消防和危险的意思。
（2）蓝色：表示指令，必须遵守的规定。
（3）黄色：表示通行、安全和提供信息的意思。

专用标志是结合建筑工程施工现场特点，总结施工现场标志设置的共性所提炼的，专用标志的内容应简单、易懂、易识别；要让从事建筑工程施工的从业人员都准确无误的识别，所传达的信息独一无二，不能产生歧义。其设置的目的是引起人们对不安全因素的注意和规范施工现场标志的设置，达到施工现场安全文明。专用标志可分为名称标志、导向标志、制度类标志和标线4种类型。

多个安全标志在同一处设置时，应按禁止、警告、指令、提示类型的顺序，先左后右、先上后下地排列。出入施工现场遵守安全规定，认知标志，保障安全是实习阶段最应关注的事项。学员和教师均应注意学习施工现场安全管理规定、设备与自我防护知识、成品保护知识、临近作业交叉作业安全规定等；尤其是要了解和认知施工现场安全常识、现场标志，遵守管理规定。

常见标准如下：

(1)《安全色》GB 2893—2008
(2)《安全标志及其使用导则》GB 2894—2008
(3)《道路交通标志和标线》GB 5768
(4)《消防安全标志》GB 13495.1—2015
(5)《消防安全标志设置要求》GB 15630—1995
(6)《消防应急照明和疏散指示标志》GB 17945—2010
(7)《建筑工程施工现场标志设置技术规程》JGJ 348—2014
(8)《建筑机械使用安全技术规程》JGJ 33—2012
(9)《施工现场机械设备检查技术规程》JGJ 160—2016

根据现行《建设工程安全生产管理条例》的规定，施工单位应当在施工现场入口处、施工起重机械、临时用电设施、脚手架、出入通道口、楼梯口、电梯井口、孔洞口、桥梁口、隧道口、基坑边沿、爆破物及有害危险气体和液体存放处等危险部位，设置明显的安全警示标志。安全警示标志必须符合国家标准。重点指出了通道口、预留洞口、楼梯口、电梯井口；基坑边沿、爆破物存放处、有害危险气体和液体存放处应设置安全标志，目的是强化在上述区域安全标志的设置。在施工过程中，当危险部位缺乏提供相应安全信息的安全标志时，极易出现安全事故。为降低施工过程中安全事故发生的概率，要求必须设置明显的安全标志。危险部位安全标志设置的规定，保证了施工现场安全生产活动的正常进行，也为安全检查等活动正常开展提供了依据。

第一节 禁 止 类 标 志

施工现场禁止标志的名称、图形符号、设置范围和地点的规定应符合表6-1。

禁止标志　　　　　　　　　　　　　　　　　表6-1

名称	图形符号	设置范围和地点	名称	图形符号	设置范围和地点
禁止通行	禁止通行	封闭施工区域和有潜在危险的区域	禁止入内	禁止入内	禁止非工作人员入内和易造成事故或对人员产生伤害的场所

续表

名称	图形符号	设置范围和地点	名称	图形符号	设置范围和地点
禁止停留	禁止停留	存在对人体有危害因素的作业场所	禁止烟火	禁止烟火	禁止烟火的油罐、木工加工场等场所
禁止吊物下通行	禁止吊物下通行	有吊物或吊装操作的场所	禁止放易燃物	禁止放易燃物	禁止放易燃物的场所
禁止跨越	禁止跨越	施工沟槽等禁止跨越的场所	禁止攀登	禁止攀登	禁止攀登的桩机、变压器等危险场所
禁止跳下	禁止跳下	脚手架等禁止跳下的场所	禁止靠近	禁止靠近	禁止靠近的变压器等危险区域
禁止乘人	禁止乘人	禁止乘人的货物提升设备	禁止启闭	禁止启闭	禁止启闭的电器设备处
禁止踩踏	禁止踩踏	禁止踩踏的现浇混凝土等区域	禁止合闸	禁止合闸	禁止电气设备及移动电源开关处
禁止吸烟	禁止吸烟	禁止吸烟的木工加工场等场所	禁止转动	禁止转动	检修或专人操作的设备附近

第六章 施工作业现场常见标志

续表

名称	图形符号	设置范围和地点	名称	图形符号	设置范围和地点
禁止触摸	禁止触摸	禁止触摸的设备或物体附近	禁止挂重物	禁止挂重物	挂重物易发生危险的场所
禁止戴手套	禁止戴手套	戴手套易造成手部伤害的作业地点	禁止堆放	禁止堆放	堆放物资影响安全的场所
禁止用水灭火	禁止用水灭火	禁止用水灭火的发电机、配电房等场所	禁止挖掘	禁止挖掘	地下设施等禁止挖掘的区域
禁止碰撞	禁止碰撞	易有燃气积聚，设备碰撞发生火花易发生危险的场所			

第二节 警告标志

施工现场警告标志的名称、图形符号、设置范围和地点的规定应符合表6-2。

警告标志　　　　　　　　　　　　　　　表6-2

名称	图形符号	设置范围和地点	名称	图形符号	设置范围和地点
注意安全	注意安全	禁止标志中易造成人员伤害的场所	当心火灾	当心火灾	易发生火灾的危险场所
当心爆炸	当心爆炸	易发生爆炸危险的场所	当心坠落	当心坠落	易发生坠落事故的作业场所

93

续表

名称	图形符号	设置范围和地点	名称	图形符号	设置范围和地点
当心碰头		易碰头的施工区域	当心塌方		有塌方危险区域
当心绊倒		地面高低不平易绊倒的场所	当心障碍物		地面有障碍物并易造成人的伤害的场所
当心触电		有可能发生触电危险的场所	当心跌落		建筑物边沿、基坑边沿等易跌落场所
注意避雷		易发生雷电电击区域	当心伤手		易造成手部伤害的场所
当心触电		有可能发生触电危险的场所	当心机械伤人		易发生机械卷入、轧压、碾压、剪切等机械伤害的作业场所
当心滑倒		易滑倒场所	当心扎脚		易造成足部伤害的场所
当心坑洞		有坑洞易造成伤害的作业场所	当心落物		易发生落物危险的区域

第六章　施工作业现场常见标志

续表

名称	图形符号	设置范围和地点	名称	图形符号	设置范围和地点
当心冒顶	当心冒顶	有冒顶危险的作业场所	当心飞溅	当心飞溅	有飞溅物质的场所
当心吊物	当心吊物	有吊物作业的场所	当心自动启动	当心自动启动	配有自动启动装置的设备处
当心噪声	当心噪声	噪声较大易对人体造成伤害的场所	当心车辆	当心车辆	车、人混合行走的区域
注意通风	注意通风	通风不良的有限空间			

第三节　指令标志

施工现场指令标志的名称、图形符号、设置范围和地点的规定应符合表6-3。

指令标志　　　　　　　　　　　　　　表6-3

名称	图形符号	设置范围和地点	名称	图形符号	设置范围和地点
必须戴防毒面具	必须戴防毒面具	通风不良的有限空间	必须戴防护面罩	必须戴防护面罩	有飞溅物质等对面部有伤害的场所

95

续表

名称	图形符号	设置范围和地点	名称	图形符号	设置范围和地点
必须戴防护耳罩		噪声较大易对人体造成伤害的场所	必须戴防护眼镜		有强光等对眼睛有伤害的场所
必须戴安全帽		施工现场	必须消除静电		有静电火花会导致灾害的场所
必须戴防护手套		具有腐蚀、灼烫、触电、刺伤等易伤害手部的场所	必须系安全带		高处作业的场所
必须穿防护鞋		具有腐蚀、灼烫、触电、刺伤、砸伤等易伤害脚部的场所	必须用防爆工具		有静电火花会导致灾害的场所

第四节 提 示 标 志

施工现场提示标志的名称、图形符号、设置范围和地点的规定应符合表6-4。

提示标志　　　　　表6-4

名称	名称及图形符号	设置范围和地点	名称	名称及图形符号	设置范围和地点
动火区域		施工现场划定的可使用明火的场所	应急避难场所		容纳危险区域内疏散人员的场所

第六章 施工作业现场常见标志

续表

名称	名称及图形符号	设置范围和地点	名称	名称及图形符号	设置范围和地点
避险处		躲避危险的场所	紧急出口		用于安全疏散的紧急出口处，与方向箭头结合设在通向紧急出口的通道处（一般应指示方向）

第五节 导 向 标 志

施工现场导向标志的名称、图形符号、设置范围和地点的规定应符合表6-5。

导向标志　　　　　　　　　　　　　　　表6-5

名称	指示标志图形符号	设置范围和地点	名称	禁令标志图形符号	设置范围和地点
直行		道路边	停车位		停车场前
向右转弯		道路交叉口前	减速让行		道路交叉口前
向左转弯		道路交叉口前	禁止驶入		禁止驶入路段入口处前
靠左侧道路行驶		需靠左行驶前	禁止停车		施工现场禁止停车区域
靠右侧道路行驶		需靠右行驶前	禁止鸣喇叭		施工现场禁止鸣喇叭区域

97

续表

名称	指示标志图形符号	设置范围和地点	名称	禁令标志图形符号	设置范围和地点
单行路（按箭头方向，向左或向右）	→	道路交叉口前	限制速度	5	施工现场入出口等需限速处
单行路（直行）	↑	允许单行路前	限制宽度	3m	道路宽度受限处
人行横道		人穿过道路前	限制高度	3.5m	道路、门框等高度受限处
限制质量	10t	道路、便桥等限制质量地点前	停车检查	检查	施工车辆出入口处

交通警告标志　　　　　　　　　　　表6-6

名称	图形符号	设置地点或场合	名称	图形符号	设置地点或场合
慢行	慢	施工现场出入口、转弯处等	上陡坡		施工区域陡坡处，如基坑施工处
向左急转弯		施工区域急向左转弯处	下陡坡		施工区域陡坡处，如基坑施工处
向右急转弯		施工区域急向右转弯处	注意行人		施工区域与生活区域交叉处

第六节　现　场　标　线

施工现场标线的图形、名称、设置范围和地点的规定应符合表6-7。防护标线如图6-1所示。

第六章 施工作业现场常见标志

标　线 表 6-7

图　形	名　称	设置范围和地点
	禁止跨越标线	危险区域的地面
	警告标线（斜线倾角为 45°）	易发生危险或可能存在危险的区域，设在固定设施或建（构）筑物上
	警告标线（斜线倾角为 45°）	
	警告标线（斜线倾角为 45°）	
	警告标线	易发生危险或可能存在危险的区域，设在移动设施上
高压危险	禁示带	危险区域

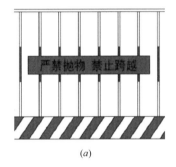
(a)

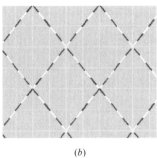
(b)

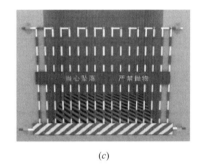
(c)

图 6-1　作业现场防护标线

(a) 临边防护标线示意图（标志附在地面和防护栏上）；(b) 脚手架剪刀撑标线示意图（标线附在剪刀撑上）；
(c) 电梯井立面防护标线示意图（标线附在防护栏上）

第七节　制　度　标　志

施工现场制度标志的名称、设置范围和地点的规定应符合表 6-8。

制　度　标　志 表 6-8

序号	名　称		设置范围和地点
1	管理制度标志	工程概况标志牌	施工现场大门入口处和相应办公场所
		主要人员及联系电话标志牌	
		安全生产制度标志牌	
		环境保护制度标志牌	
		文明施工制度标志牌	

续表

序号	名 称		设置范围和地点
1	管理制度标志	消防保卫制度标志牌	施工现场大门入口处和相应办公场所
		卫生防疫制度标志牌	
		门卫管理制度标志牌	
		安全管理目标标志牌	
		施工现场平面图标志牌	
		重大危险源识别标志牌	
		材料、工具管理制度标志牌	仓库、堆场等处
		施工现场组织机构标志牌	办公室、会议室等处
		应急预案分工图标志牌	
		施工现场责任表标志牌	
		施工现场安全管理网络图标志牌	
		生活区管理制度标志牌	生活区
2	操作规程标志	施工机械安全操作规程标志牌	施工机械附近
		主要工种安全操作标志牌	各工种人员操作机械附件和工种人员办公室
3	岗位职责标志	各岗位人员职责标志牌	各岗位人员办公和操作场所

名称标志示例：

第八节 道路施工作业安全标志

高空作业车在道路上进行施工时应根据道路交通的实际需求设置施工标志、路栏、锥形交通路标等安全设施，夜间应有反光或施工警告灯号，人行道上临时移动施工应使用临时护栏。应根据现行交通状况、交通管理要求、环境及气候特征等情况，设置不同的标志。常用的安全标志表6-9已经列出，具体设置方法请参照《道路交通标志和标线》GB 5768—2009 的有关规定执行。

道路施工常用安全标志　　　　表 6-9

名称	指示标志图形符号	设置范围和地点	名称	指示标志图形符号	设置范围和地点
前方施工		道路边	道路封闭		道路边
右道封闭		道路边	左道封闭		道路边
中间道路封闭		道路边	施工路栏		路面上
向左行驶		路面上	向右行驶		路面上
向左改道		道路边	向右改道		道路边
锥形交通标		路面上	道口标柱		路面上
移动性施工标志		路面上			

参 考 文 献

[1] 靳同红. 混凝土机械构造与维修手册. 北京：化学工业出版社，2012.
[2] 王春琢. 施工机械基础知识. 北京：中国建筑工业出版社，2016.
[3] 王平. 建设机械岗位普法教育与安全作业常识读本. 北京：中国建筑工业出版社，2015.
[4] JGJ 348—2014 建筑工程现场标志设置技术规程. 北京：中国建筑工业出版社，2015.
[5] JGJ 160—2016 施工现场机械设备检查技术规范. 北京：中国建筑工业出版社，2017.
[6] JGJ 33—2012 建筑机械使用安全技术规程. 北京：中国建筑工业出版社，2012.
[7] GB/T 7920.12—2013 道路施工与养护机械设备 沥青混凝土摊铺机 术语和商业规格. 北京：中国标准出版社，2013.
[8] GB/T 25640—2010 道路施工与养护机械设备 沥青混凝土路面摊铺作业机群智能化 信息交换. 北京：中国标准出版社，2013.
[9] GB/T 16277—2008 沥青混凝土摊铺机. 北京：中国标准出版社，2008.
[10] 蒋晓辉. 谈沥青混凝土摊铺机的使用及维护. 中国新技术新产品. 2008.
[11] 朱博. KFT900型沥青混凝土摊铺机. 筑路机械与施工机械化. 2009，26(7)：27-27.
[12] 朱海燕. 浅谈TITAN423沥青混凝土摊铺机的使用与保养. 商品与质量·学术观察. 2014.
[13] 杨华，原思聪. 浅谈沥青混凝土摊铺机熨平板. 建设机械技术与管理. 2009，22(1)：101-103.
[14] 张国云，郭庆惠，张国栋. 浅谈沥青混凝土摊铺机摊铺稳定层施工技术. 筑路机械与施工机械化. 2000，17(6)：43-44.
[15] 马旭光. 沥青混凝土摊铺机的机型与使用. 内蒙古石油化工. 2009(16)：73-74.
[16] 谷峰，贾柠，党超，等. 沥青混凝土摊铺机的应急控制系统. 工程机械与维修. 2015(4)：108-109.
[17] 刘体江. 沥青混凝土摊铺机结构参数选用及对工程质量影响探究. 交通世界. 2014.